CADERNO do Futuro

A evolução do caderno

LÍNGUA PORTUGUESA

6º ano
ENSINO FUNDAMENTAL

3ª edição
São Paulo – 2013

IBEP

Coleção Caderno do Futuro
Língua Portuguesa
© IBEP, 2013

Diretor superintendente	Jorge Yunes
Gerente editorial	Célia de Assis
Editor	Elizabeth Gavioli de Oliveira Silva
	Cícero de Oliveira Silva
Assistente editorial	Karina Danza
Revisão	André Tadashi Odashima
	Berenice Baeder
	Luiz Gustavo Bazana
	Maria Inez de Souza
Coordenadora de arte	Karina Monteiro
Assistente de arte	Marilia Vilela
	Nane Carvalho
Coordenadora de iconografia	Maria do Céu Pires Passuello
Assistente de iconografia	Adriana Neves
	Wilson de Castilho
Produção gráfica	José Antônio Ferraz
Assistente de produção gráfica	Eliane M. M. Ferreira
Projeto gráfico	Departamento de Arte Ibep
Capa	Departamento de Arte Ibep
Editoração eletrônica	N-Publicações

CIP-BRASIL. CATALOGAÇÃO-NA-FONTE
SINDICATO NACIONAL DOS EDITORES DE LIVROS, RJ

S578L
3. ed

Silva, Antonio de Siqueira e.
    Língua portuguesa, 6º ano / Antonio de Siqueira e Silva, Rafael Bertolin. - 3. ed. - São Paulo : IBEP, 2013.
    il. ; 28 cm   (Caderno do futuro)

ISBN 978-85-342-3576-1 (aluno) - 978-85-342-3580-8 (professor)

    1. Língua portuguesa (Ensino fundamental) - Estudo e ensino. I. Bertolin, Rafael. II. Título. III. Série.

12-8687.   CDD: 372.6
    CDU: 373.3.016:811.134.3

27.11.12   03.12.12   041077

Impressão Leograf - Maio 2024

3ª edição – São Paulo – 2013
Todos os direitos reservados.

IBEP

Av. Alexandre Mackenzie, 619 – Jaguaré
São Paulo – SP – 05322-000 – Brasil – Tel.: (11) 2799-7799
www.editoraibep.com.br – editoras@ibep-nacional.com.br

SUMÁRIO

1. ELEMENTOS DA COMUNICAÇÃO 4
2. ALFABETO, FONEMAS E LETRAS 11
3. SÍLABA 18
4. CLASSIFICAÇÃO E FLEXÃO DAS PALAVRAS ... 28
5. SUBSTANTIVOS 31
6. ACENTUAÇÃO 36
7. FLEXÃO DOS SUBSTANTIVOS: GÊNERO 44
8. FLEXÃO DOS SUBSTANTIVOS: NÚMERO 54
9. SINAIS DE PONTUAÇÃO 63
10. FLEXÃO DOS SUBSTANTIVOS: GRAU 68
11. ARTIGO 76
12. ADJETIVO 78
13. FLEXÃO DOS ADJETIVOS: GRAU COMPARATIVO E GRAU SUPERLATIVO 87
14. NUMERAL 92
15. PRONOMES – I 99
16. PRONOMES – II 111
17. VERBO 116
18. ADVÉRBIO 130
19. PREPOSIÇÃO 135
20. INTERJEIÇÃO 139
21. CONJUNÇÃO 141
    APÊNDICE 145

ESCOLA

NOME

PROFESSOR

HORA	SEGUNDA	TERÇA	QUARTA	QUINTA	SEXTA	SÁBADO

PROVAS E TRABALHOS

1. Elementos da comunicação

Os seres humanos vivem em comunidade e têm grande necessidade de se comunicar e se entender.

Por meio da comunicação, as pessoas procuram expressar suas ideias e seus sentimentos.

Numa comunicação existem sempre quatro elementos: emissor, mensagem, destinatário (ou receptor) e código.

Código é o meio de que o emissor se serve para transmitir sua mensagem.

Os códigos mais comuns são: palavra falada, palavra escrita, sinais, sons, mímica, gestos etc.

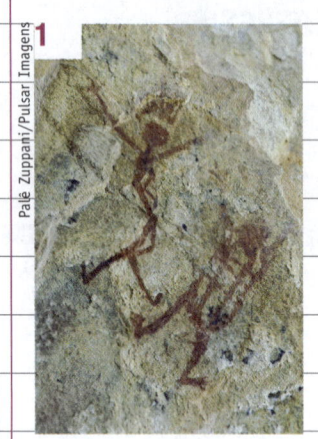

EMISSOR	MENSAGEM
É a pessoa que manda uma mensagem.	É a ideia que passa do emissor para o destinatário.
DESTINATÁRIO	**CÓDIGO**
É a pessoa que recebe a mensagem.	É o meio utilizado para transmitir a mensagem.

1. Observe as figuras da página anterior e responda às questões.

   a) Em que figura aparece o meio mais primitivo de comunicação?

   b) No seu entender, em que figura aparece o meio de comunicação mais frequente?

   c) Em que figuras se observa que a mensagem é transmitida sem o uso de palavras faladas?

   d) Em que figuras o autor não precisa estar frente a frente com seu interlocutor para transmitir sua mensagem?

2. Responda às questões.

   a) Com quem você costuma conversar com mais frequência?

   b) Qual é o assunto preferido?

3. Você já viu que há muitos tipos de código. Descubra, nas figuras abaixo, os seguintes tipos de código: som, gesto, palavra escrita, palavra falada.

4. No exercício a seguir, aparecem o **emissor** e o **receptor** identificados. Coloque-se no lugar do emissor e invente uma mensagem bem criativa dirigida ao receptor. Veja o modelo.

> **professor** ⇒ **alunos**
> (emissor)   ⇒   (receptor)
>
> – Meus alunos, não é para a escola que aprendemos, mas, sim, para a vida.

a) mãe ⇒ filho

b) guarda ⇒ motorista

c) médico ⇒ paciente

5. Reescreva o texto mudando a fala do aluno a seu critério.

6. Redesenhe o quadrinho a seguir, mudando as falas das personagens e desenhando a Leda como você a imagina.

ORTOGRAFIA – VAMOS ESCREVER CERTO?

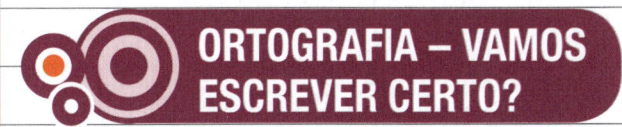

Observe que uma palavra quando escrita incorretamente pode gerar dúvidas ou confusão e trazer sérias consequências.

Atenção:

Precisamos entender a linguagem do trânsito para respeitá-lo.

7. Observe as placas de sinalização e pesquise o significado de cada uma delas.

Filho, precisei sair. Lembre-se de tomar doze de remédio, que está no alto do armário. Mãe.

1. Como a mãe deveria ter escrito o bilhete para que o filho não tivesse dúvidas?

> As palavras que seguem, você pronuncia com som de **/z/**, porém não são escritas com **z** e, sim, com **s**.

Laís

Tomás

2. Faça o que se pede. Veja os modelos.

a) Escreva o feminino de:

> burguês **burguesa**

camponês

poeta

sacerdote

francês

inglês

japonês

português

b) Escreva os substantivos correspondentes aos verbos seguintes.

> aludir **alusão**

decidir

defender

empreender

despender

c) Escreva o diminutivo das palavras a seguir cujo radical termina em **s**.

> Luis **Luisinho**

Rosa

Teresa

d) O que aconteceu com o acento de algumas palavras do item **c**, ao serem passadas para o grau **diminutivo**?

e) E com o acento de algumas palavras do item **a**, ao serem passadas do masculino para o feminino?

> **Auto:** escrito com **u**, é um prefixo de origem grega que significa "por si próprio", "por si mesmo".
> Veja: **autoestima**, **automóvel**, **autocrítica**.

3. Agora é a sua vez! Dê outros exemplos de palavras que têm o prefixo **auto-**. Recorra ao dicionário, se for preciso.

> **Alto:** escrito com **l** significa "elevado", "que tem altura", "grande", "forte" (para sons).
> Veja: **alto-astral**, **alto-mar**, **alto-relevo**.

4. Agora, dê outras palavras com **alto**, recorrendo ao dicionário, quando preciso.

> **Família de palavras** são as palavras que possuem o mesmo radical, ou seja, palavras derivadas.
> **Radical** é o elemento que serve de base às palavras de uma mesma família; é a parte invariável de todas as palavras de uma mesma família.
> Exemplos: **cresç**o, **cresc**ido, **cresc**ente, de**cresc**ente, a**cresc**entar, **cresc**imento, a**crésc**imo; **vend**a, in**vend**ável, **vend**edor, **vend**eira, **vend**ável.

5. Encontre duas palavras derivadas de:

a) nascer

b) descer

c) crescer

d) atar

e) descender

f) florescer

g) oscilar

6. Observe como as palavras do quadro são escritas. Depois, reúna essas palavras em três famílias.

> rebaixar – represar
> altitude – embaixo – aprisionar
> presídio – altear – baixaria – represa
> altivez – prisão – baixote
> altura – abaixar

a) baixo

b) preso

c) alto

7. Observe o modelo e separe as sílabas das palavras seguintes.

adolescente **a-do-les-cen-te**

a) acrescentar

b) discípulo

c) descida

USE O DICIONÁRIO PARA ESCREVER CORRETAMENTE

O **dicionário** é um livro em que as palavras aparecem em ordem alfabética, acompanhadas de seus significados. É um livro importantíssimo para ajudar no entendimento dos textos e das conversas, pois ninguém conhece completamente as milhares de palavras do idioma (as atuais, as que vão caindo em desuso e as que vão surgindo).

Quando lemos e encontramos palavras desconhecidas ou que nos deixem em dúvida, devemos consultar um dicionário.

No dicionário as palavras apresentam muitos significados, e compete ao leitor descobrir o sentido da palavra, de acordo com o texto que ele está lendo, isto é, de acordo com o contexto.

Para manusear o dicionário, é preciso:
- conhecer bem a ordem alfabética;
- consultar, no início do dicionário, a página que explica as siglas e as abreviaturas utilizadas, como **s.m.** (substantivo masculino), **s.f.** (substantivo feminino), **num.** (numeral), **sing.** (singular), **pl.** (plural).

É importante que você tenha e utilize um dicionário.

Observe a seguir como estes dois verbetes aparecem nos dicionários.

plebe. [Do lat. *plebe*.] S.f. **1.** O povo, por oposição aos nobres. **2.** O povo, o populacho. V. *ralé* (1).

plebeu. [Do lat. *plebeiu*.] Adj. **1.** Pertencente ou relativo à, ou próprio da plebe. • S.m. **2.** Homem da plebe. [Sin. (nesta acepç.): **peão** e (bras.) *pé de poeira*. Fem.: *plebeia*.]

8. De acordo com as informações dadas nos verbetes, qual das palavras é um substantivo e qual pode ser um substantivo e também um adjetivo?

9. Encaixe as palavras **plebe** e **plebeu** nas frases a seguir.

A _____ se revoltou contra a nobreza.

A princesa se casou com um

2. Alfabeto, fonemas e letras

ALFABETO

O primeiro alfabeto (conjunto de símbolos ou letras que representam sons) foi criado pelos fenícios no século XIII a.C. Mais tarde, os gregos introduziram as letras vogais e seu sistema deu origem a diversos outros alfabetos, como o romano, que predomina hoje no mundo.

As mais antigas inscrições romanas conhecidas datam do século IV a.C., mas o alfabeto romano passou por várias modificações até adquirir a forma atual usada nas línguas latinas. Ele é composto de 26 letras, cada uma representando determinado som. Com exceção das vogais, é necessário combinar as letras para se obter a reprodução dos sons da língua falada. Em determinadas línguas que utilizam o alfabeto romano, como o inglês e o francês, uma mesma letra pode representar sons diferentes, conforme a posição que ocupa na palavra.

Em algumas línguas, as 26 letras do alfabeto romano não são suficientes para expressar todas as variações sonoras do idioma falado. Dessa forma, utilizam-se acentos gráficos que indicam as diferenças de pronúncia.

Marcelo Duarte. *Guia dos curiosos*. São Paulo: Cia. das Letras, 1995.

1. Que alfabeto usamos na língua portuguesa?

2. Você já teve a oportunidade de ver a escrita de outros povos? Quais? O que achou?

As letras **k**, **w** e **y** são usadas em casos especiais. Nós as usamos:
- Em abreviaturas: kg (quilograma), km (quilômetro), kW (quilowatt).
- Em nomes e palavras estrangeiras: William, Wilson, *know-how*, *hobby*, *show* etc.

FONEMAS E LETRAS

As **letras** do alfabeto representam os sons da fala. Esses sons recebem o nome de **fonemas**.

- Há letras que, de acordo com a posição que ocupam na palavra, não representam fonemas.

Observe: **h**ospital (pronuncia-se "ospital"), di**s**ciplina ("diciplina"), e**x**ceção ("eceção") etc.

- Há palavras em que duas letras representam apenas um fonema (um som). Nesse caso, temos um **dígrafo**.

Observe: **chave** = cinco letras, quatro fonemas.

Dígrafo é o grupo de duas letras que representa **um só fonema**, isto é, **um só som**. Observe-os a seguir.

ch: chapéu, cheio
lh: palha, pilha
nh: ninho, minha
rr: carro, barro
ss: passo, osso
gu: seguinte, guerra
qu: quero, quilo
sc: descida, consciência
sç: desço, cresço
xc: exceto, exceção

Encontro consonantal é o encontro de duas ou mais consoantes na mesma sílaba (pe-dra) ou em sílabas diferentes (af-ta). Nos encontros percebemos o **som de todas as letras**. Veja os principais encontros consonantais.

Mesma sílaba
bl: blusa   **cr:** criança
cl: claro   **dr:** dragão
fl: flores **fr:** frente
gl: global **gr:** agressão
pl: plural **pr:** prova
tl: atleta **tr:** entregar
vl: Vladimir **vr:** livro
br: abraço

Sílabas diferentes
a**d-j**e-ti-vo   e**x-c**ur-são
a**d-m**i-rar   ri**t-m**o
cri**p-t**o-ni-ta su**b-m**a-ri-no
ré**p-t**il   a**b-d**ô-men

3. Escreva as palavras do quadro em ordem crescente, de acordo com o número de fonemas.

sol – banho – é – amassar – só – mulher – abreviar – biblioteca – folheasse – consciente

1 fonema	6 fonemas
2 fonemas	7 fonemas
3 fonemas	8 fonemas
4 fonemas	9 fonemas
5 fonemas	10 fonemas

4. Separe as palavras de acordo com o que é pedido.

droga – chuva – bolha – ganhar
Cássio – burro – bloco
cobrança – querer – pluvial
esclarecer – flauta
Guilherme – fruto – consciente
descida – trovão
palavra – glicerina – excitação
criatura – briga
livraria – creme – greve
atletismo – Vlado

Dígrafos

Encontros consonantais

5. Escreva, na forma abreviada, estas palavras.

quilômetro

quilograma

quilowatt

6. Complete estas palavras com a vogal que falta.

tro___xe   esto___ra

do___rado   ro___bo

a___tomóvel   jab___ticaba

EMPREGA-SE LETRA INICIAL MAIÚSCULA:
- no início de frase;
- nos substantivos próprios de qualquer espécie, inclusive apelidos;
- nos nomes de épocas históricas;
- nos nomes de vias e lugares públicos;

- nos nomes de repartições, edifícios ou corporações públicas e particulares;
- nos títulos de livros, jornais, revistas;
- nos pronomes de tratamento: V. M. (Vossa Majestade), Srª (Senhora), V. Exª (Vossa Excelência) etc.

7. Treinando maiúsculas. Escreva o nome:

a) da sua escola;

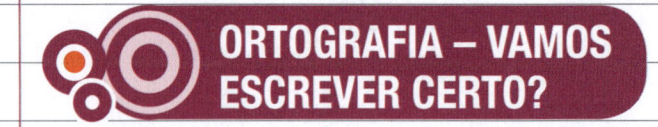

b) da rua e do bairro onde você mora.

8. Reescreva o texto **Menino alfabetizado** empregando as iniciais maiúsculas adequadamente.

MENINO ALFABETIZADO

flavinho, neto de raquel de queiroz, estava aprendendo as letras com a mãe maria luiza.

de repente, mostrou o F e disse:

– esta é a letra da mamãe.

– F, meu filho? mas a mamãe é maria!

– não, mamãe. é F. você não é uma flor?

Pedro Bloch. In: *Dicionário de humor infantil*. Rio de Janeiro: Ediouro, 1999.

ORTOGRAFIA – VAMOS ESCREVER CERTO?

Parônimos são palavras parecidas na escrita e na pronúncia, mas com significados diferentes. Observe:

cavaleiro – que cavalga

cavalheiro – homem gentil

descriminar – eliminar a criminalidade

discriminar – diferenciar, distinguir

descrição – ato de descrever

discrição – qualidade de discreto

comprimento – extensão, dimensão

cumprimento – ato de cumprimentar, saudar; saudação; ato de cumprir um dever

emigrar – sair do país para morar em outro

imigrar – entrar num país para morar nele

couro – pele de animais

coro – coral, conjunto de vozes

tráfego – trânsito, transporte de mercadorias em vias públicas

tráfico – negócio, comércio de mercadorias geralmente ilícitas; uso de prestígio com as autoridades para se conseguir favores ilegais

emergir – vir à tona, vir à superfície das águas

imergir – afundar, mergulhar

osso (fig.) – o que é duro, difícil de penetrar; problema

ouço – 1ª pessoa do presente do indicativo do verbo ouvir (escutar)

1. Agora, observe atentamente o sentido e a escrita dos parônimos citados e complete as frases.

a) Em algumas religiões, o batismo consiste em _____ quem está sendo batizado na água.

b) A verdade acaba sempre _____.

c) Qual é o _____ de um campo de futebol?

d) Acima de tudo, para o meu pai, estava o _____ da lei.

e) O _____ fluía normalmente nas avenidas da metrópole.

f) O _____ de drogas é uma grande ameaça à saúde da sociedade moderna.

g) A expressão "_____ duro de roer" significa "coisa difícil de se realizar".

h) Eu não _____ muito bem. Seria possível falar mais alto?

i) A indústria do _____ prosperou com a exportação de sapatos para os Estados Unidos e a Europa.

j) O _____ da igreja atraía os fiéis para as cerimônias religiosas.

2. Escreva uma frase para cada uma das palavras seguintes. Se não souber o que elas significam, procure-as num dicionário.

a) fragrante

b) flagrante

c) vultoso(a)

d) vultuoso(a)

Lembre que:

As palavras deste exercício são parônimas, isto é, são parecidas na escrita e na pronúncia, mas têm significados diferentes.

MATE A CHARADA

Qual é o alimento que tem a primeira letra do alfabeto no início e a última no final? _____

A letra **x** pode ter vários sons (fonemas) conforme a palavra em que se encontra. Veja.

x = som de ch: xampu, abacaxi, enxurrada, peixe

x = som de z: exagero, exemplo, exibição, exército

x = som de s: aproximar, máximo, excelente, exceção

x = som de cs: reflexo, crucifixo, tóxico, táxi

3. Que som tem o **x** nestas palavras? Leia em voz alta e complete.

a) Mexer, puxar, pixaim, xale, xará, taxa, xingar, xícara, xerife, trouxa. Nessas palavras, o **x** tem som de _____.

b) Exato, exatamente, êxito, exercício, exercitar, exemplar, exibido, exame, examinar, exército. Nessas palavras, o **x** tem o som de _____.

c) Fluxo, maxila, maxilar, léxico, paradoxo, tóxico, fixo, intoxicar, profilaxia. Nessas palavras, o **x** tem som de _____.

d) Máximo, auxílio, próximo. Nessas palavras, o **x** tem o som de _____.

4. Complete as frases com as palavras do quadro.

caixa – examinou – sexagésima – auxiliou

a) O médico _____ a criança.

b) A professora _____ os alunos no dia da apresentação.

c) O tenista está na _____ posição do ranking.

d) O presente foi colocado em uma _____ vermelha.

5. Agora, escreva o som que o **x** representa em cada palavra do exercício anterior.

a) examinou

b) auxiliou

c) sexagésima

d) caixa

MATE A CHARADA

Qual é a letra que está faltando para completar estas palavras?
e_portar, e_plorar, e_travagância.
_____

PRÁTICA DE PRODUÇÃO DE TEXTO

Vamos entrevistá-lo, fazendo-lhe as perguntas a seguir. Você deve respondê-las com respostas curtas e objetivas.

Dados pessoais

Qual é o seu nome?
_____

<u>Tem algum apelido? Qual? Gosta dele?</u>
_____

Local de nascimento: _____
_____

Dia, mês e ano de nascimento: _____
_____

Rua onde mora: _____
_____

Nome do pai: _____
_____

Nome da mãe: _____
_____

Avós maternos: _____
_____
_____

Avós paternos: _____
_____
_____

Características físicas

Cor dos olhos: _____
Cor dos cabelos: _____
Altura: _____
Peso: _____

Preferências e perspectivas

Do que você mais gosta?
_____
_____

O que detesta?
_____
_____

Qual é o seu esporte preferido?
_____

Quais são os seus artistas ou esportistas preferidos?
_____
_____

Que carreira pretende seguir? Por quê?
_____
_____

Tem medo de quê?
_____

Qual é o seu maior sonho?
_____
_____

3. Sílaba

1. Veja a seguir as sílabas de duas manchetes de jornal. Organize-as e descubra quais são.

Manchete 1

DE FE DOR MI
DO CON SU SA

Manchete 2

Ho às gem me
na Mães

2. Por que a palavra **Mães** está com inicial maiúscula? Descubra.

- **Sílaba** é um fonema (som) ou grupo de fonemas (sons) que são pronunciados de uma só vez (bo-ne-ca).
- A palavra que tem **uma sílaba** chama-se **monossílabo** (pé, eu); a que tem **duas sílabas** chama-se **dissílabo** (i-lha, ca-sa); a de **três sílabas** chama-se **trissílabo** (co-mi-da) e a de **quatro ou mais sílabas** chama-se **polissílabo** (tra-pa-cei-ro, in-fe-li-ci-da-de).
- **Sílaba tônica** é a sílaba pronunciada com impulso de voz mais forte. Tirando-se a sílaba tônica da palavra, as demais são **átonas** (**mé**-di-co: mé = sílaba tônica).
- A palavra com a **última sílaba mais forte** chama-se **oxítona** (ca-**fé**); a palavra com a **penúltima sílaba mais forte** chama-se **paroxítona** (ca-**me**-lo) e a palavra com a **antepenúltima sílaba mais forte** chama-se **proparoxítona** (**lâm**-pa-da).
- **Hiato** são duas vogais juntas, mas pronunciadas em sílabas diferentes (sa-ú-de).
- **Ditongo** é o encontro de uma vogal com uma semivogal na mesma sílaba (**au**-tor).
- **Tritongo** é um conjunto formado por uma semivogal + vogal + semivogal na mesma sílaba e que não podem, portanto, ser separadas. Os tritongos podem ser **orais** (ig**uai**s, averig**uou**) ou **nasais** (q**uão**, sag**uão**, míng**uam**, cuja pronúncia é "quãu", "saguãu", "mínguãu" etc.).
- **Semivogais** são os fonemas /i/ e /u/ átonos que se juntam a uma vogal, formando com ela uma única sílaba: o**u**ro, so**u**, q**u**ando, sér**i**o.

3. Escreva (H) para hiato, (D) para ditongo e (T) para tritongo.

( ) vas-sou-ra ( ) pi-or
( ) sa-guão ( ) in-crí-veis
( ) bei-jo ( ) sa-í-da
( ) i-guais ( ) ju-í-zo

4. Escreva:
a) duas palavras que tenham hiato.

b) duas palavras que tenham ditongo.

c) duas palavras que tenham tritongo.

5. Junte-se a um colega e veja quem consegue formar o maior número de palavras com as seguintes sílabas.

DES – ZER – TI – SO – PA – NAS
MO – A – CRÊS – RO – PE – FA – PO
ÇO – LA – CE – CER – DO – TRA
RA – ÇU – ÇA

6. Dê o plural das palavras, separando as sílabas e acentuando os ditongos abertos **éi** e **ói**.

pastel   pas-t**éi**s

a) anel
b) papel
c) pincel
d) farol
e) anzol

7. Escreva os adjetivos no plural, separando as sílabas e sublinhando os ditongos. Veja o modelo.

incrível   in-crí-v**ei**s

a) invisível
b) sensível
c) imóvel
d) fácil
e) hábil

8. Transcreva as palavras, dividindo as sílabas, acentuando os ditongos abertos **éu** e **ói** e sublinhando-os. Veja o modelo.

> doi   d**ói**

a) chapeu

b) constroi

c) destroi

d) heroi

e) fogareu

9. Separe as sílabas, e sublinhe os hiatos. Veja o modelo.

> perdoo   per-d**o-o**

a) enjoo

b) voo

c) amontoo

d) abençoo

e) veem

f) leem

10. Copie as palavras, acentuando o **i** ou o **u** tônicos dos hiatos e separando as sílabas. Veja o modelo.

> faisca   fa-**ís**-ca

a) egoismo

b) saida

c) bau

d) conteudo

e) paises

f) saimos

11. Separe as sílabas, escreva a tônica e classifique-as quanto à tonicidade. Veja o modelo.

> plantas – incríveis – questão
> beijo – insistiu – minúsculas
> seringueira – além

divisão silábica	sílaba tônica	classificação
plan-tas	plan	paroxítona

Observe as diferenças entre:

sai	e	saí
▼		▼
ditongo		hiato
cai	e	caí
▼		▼
ditongo		hiato

12. Faça uma frase com cada uma das palavras abaixo.

a) sai

b) saí

c) cai

d) caí

13. Há vários nomes femininos no quadro. Cinco deles terminam em ditongo: descubra-os, escreva-os abaixo e acentue-os.

```
A N A B E L A Q F L O R A
G L O R I A N O V I L X H
R U B I A I R O S A N A I
E S T E R V O S A A D A G
M A R C I A D F L A V I A
A U R E A A D E L I N A K
M A R G A R E T E B E N Ç
C O R A L I N A X A R A E
P A L O M A F H E L E N A
```

14. Agora, descubra e relacione os outros nomes que não levam acento.

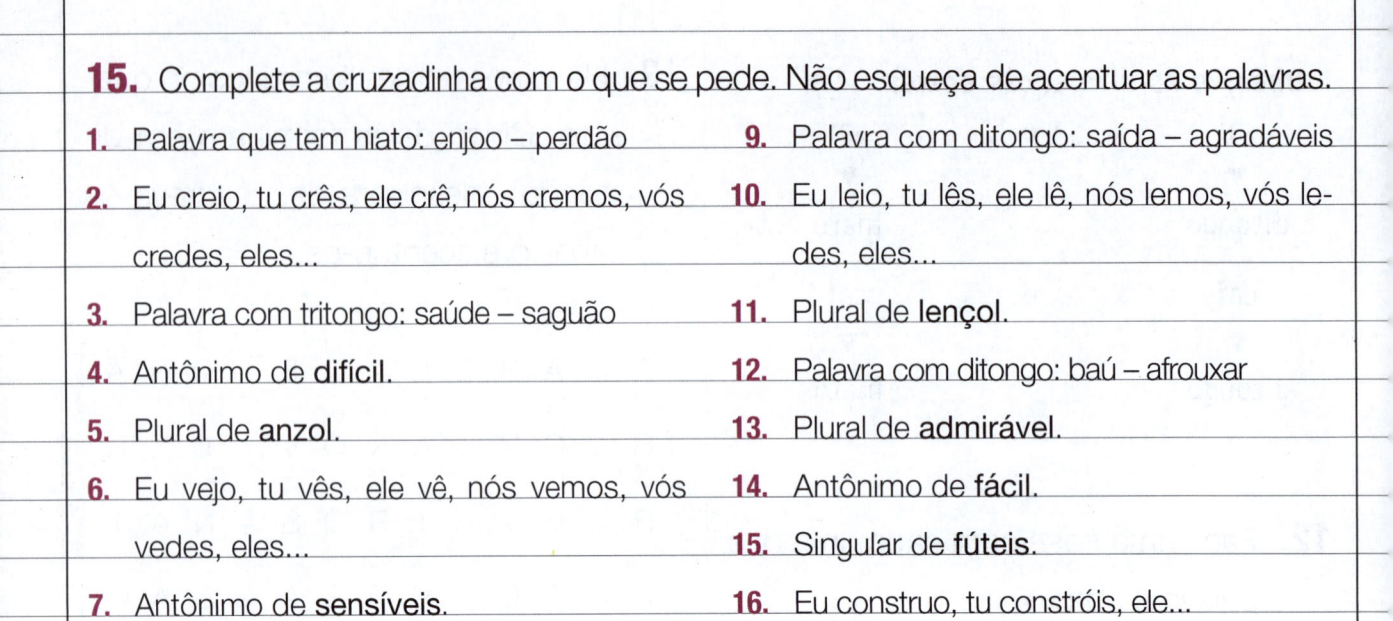

15. Complete a cruzadinha com o que se pede. Não esqueça de acentuar as palavras.

1. Palavra que tem hiato: enjoo – perdão
2. Eu creio, tu crês, ele crê, nós cremos, vós credes, eles...
3. Palavra com tritongo: saúde – saguão
4. Antônimo de **difícil**.
5. Plural de **anzol**.
6. Eu vejo, tu vês, ele vê, nós vemos, vós vedes, eles...
7. Antônimo de **sensíveis**.
8. Plural de **visível**.
9. Palavra com ditongo: saída – agradáveis
10. Eu leio, tu lês, ele lê, nós lemos, vós ledes, eles...
11. Plural de **lençol**.
12. Palavra com ditongo: baú – afrouxar
13. Plural de **admirável**.
14. Antônimo de **fácil**.
15. Singular de **fúteis**.
16. Eu construo, tu constróis, ele...

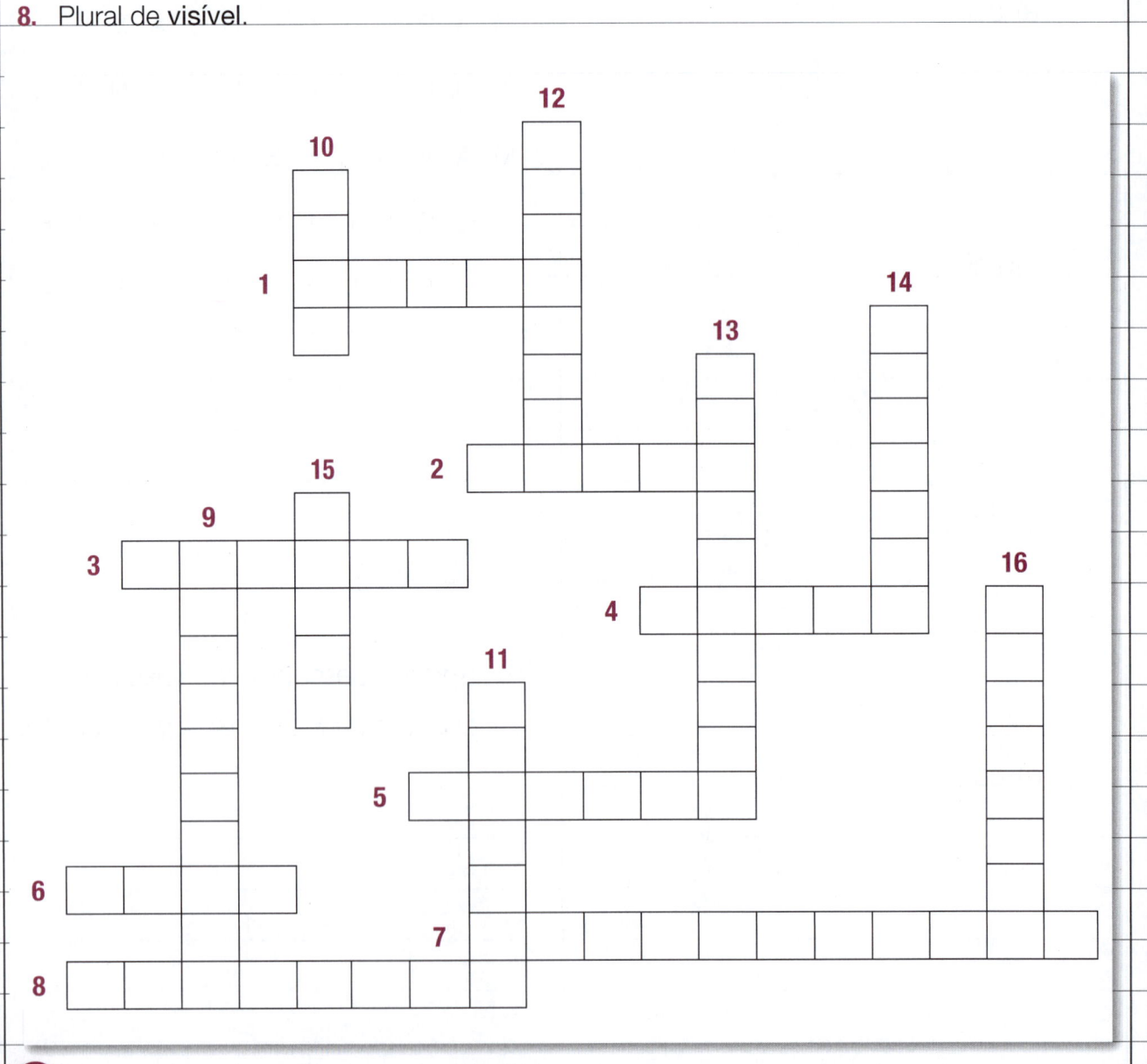

ORTOGRAFIA – VAMOS ESCREVER CERTO?

VERBO PODER	
Presente do indicativo	**Pretérito perfeito do indicativo**
Eu posso	Eu pude
Tu podes	Tu pudeste
Ele pode	Ele pôde
Nós podemos	Nós pudemos
Vós podeis	Vós pudestes
Eles podem	Eles puderam

1. Passe as frases do presente do indicativo para o pretérito perfeito do indicativo.

a) Dona Rosinha, bondosa, só **pode** achar graça.

b) O presidente **pode** indicar seus ministros.

c) Com as grades reforçadas, a fera não **pode** escapar.

d) Naquela festa eu **posso** conhecer várias pessoas ilustres.

e) As crianças não **podem** assistir a determinados espetáculos.

f) Nós **podemos** reaver o que perdemos.

2. Separe as sílabas e acentue o i ou o u que formar hiato com a vogal anterior.

saida   sa-í-da

a) peixe
b) miudo
c) graudo
d) urubu
e) saude
f) egoista

g) jau

h) bau

i) proibem

j) Bauru

k) Luis

3. Observe o exemplo e copie as palavras do quadro, dividindo as sílabas.

admirado	**ad-mi-ra-do**
decepção	**de-cep-ção**
opção	**op-ção**

admissão – admitir – administrar
admoestar – adjetivo – advogado
adquirir – adjacente – erupção – recepção
recepcionar – corrupção – corrupto
adaptar – adaptação

4. Separe as sílabas das palavras que têm:

a) **ditongos**

ânsia

régua

saudar

imbuia

b) **tritongos**

Uruguai

averiguou

saguão

radiouvinte

5. Separe as sílabas das palavras que têm os dígrafos:

a) ch – lh – nh – gu – qu

recheio

encalhado

ninhada

peguei

queijo

b) rr – ss – sc – sç – xc

terra

sossego

piscina

cresço

exceção

6. Separe as sílabas das palavras que têm hiatos.

a) zoológico

b) coelho

c) saúde

d) preencher

e) sabíamos

7. Separe as sílabas das palavras que têm:

a) encontros consonantais inseparáveis.

cliente

pátria

psicólogo

pneu

represa

b) encontros consonantais separáveis.

abdicar

absoluto

adjetivo

admirar

afta

enigma

eclipse

excursão

excluir

digno

fricção

maligno

decepção

aptidão

infecção

técnico

rapto

réptil

perspicaz

substância

abstrato

istmo

ritmo

8. Escolha cinco palavras do exercício anterior e escreva uma frase para cada uma delas.

PRÁTICA DE PRODUÇÃO DE TEXTO

O **bilhete** é um meio de comunicação escrita.
Um bilhete tem as seguintes partes.

Jorge ← Destinatário

Sábado, às nove horas, nossa turma vai jogar no campo do "Primavera Clube". Precisamos de você para defender o nosso gol. Telefone-me esta noite para confirmar.
↑
Mensagem (o que queremos dizer)

Até à noite ← Despedida

Oscar ← Assinatura

5/2/2013 ← Data

Agora, escreva bilhetes:

a) convidando um amigo ou amiga para sua festa de aniversário (com indicação do dia, hora e local).

b) convidando alguém para um passeio ou excursão (com indicação do dia e hora da partida e do local aonde se vai).

ANOTAÇÕES

4. Classificação e flexão das palavras

Atenção:

Ao longo deste caderno vamos nos deter no estudo de cada uma das classes gramaticais.

As palavras na nossa língua estão divididas (**classificadas**) em dez **classes gramaticais**: substantivo, artigo, adjetivo, numeral, pronome, verbo, advérbio, preposição, conjunção e interjeição.

A maioria dessas palavras se **flexiona**, isto é, muda a terminação para indicar **número** (singular – plural), **gênero** (masculino – feminino) ou **grau** (diminutivo – aumentativo).

São variáveis: artigo, numeral, adjetivo, substantivo, pronome e verbo.

São invariáveis: advérbio, preposição, conjunção e interjeição.

2. Ao lado de cada grupo de palavras escreva (V) para as palavras **variáveis** e (I) para as **invariáveis**. A seguir, escreva a classe gramatical a que pertencem.

o, um   **(V)**   **artigo**

a) belo, alegre, rápido ( )

b) menina, pássaro, livro ( )

c) ele, meu, este, algum ( )

d) amo, lê, sabia, gostei ( )

e) aqui, ali, perto, ontem, depressa ( )

f) após, até, com, desde, em, sem ( )

g) que, mas, porém, ou, quando ( )

h) ai!, ui!, oh!, ah!, oba! ( )

i) dois, seis, onze, dezessete ( )

1. Assinale as palavras do quadro que indicam nomes de coisas com um traço, as que indicam as qualidades das coisas com dois traços e as que expressam quantidade com três.

Dois pimentões vermelhos
Uma melancia madura
Doze laranjas doces
Três pés de alface frescos
Cinco chuchus moles
Um mamão pequeno
Doze morangos maduros
Quatro caixas com frutas selecionadas

Atenção:

Algumas palavras invariáveis admitem flexão, como certos advérbios e numerais.

Alguns **advérbios**, no **diminutivo**, ganham valor de superlativo. Ex.: cedo – **cedinho**; perto – **pertinho**; longe – **longinho**; devagar – **devagarinho**.

Alguns **numerais** mudam de **número** (singular/plural) e de **gênero** (masculino/feminino): primeiro(a) – primeiros(as); dois – duas; milhar – milhares; milhão – milhões; dezena – dezenas.

ORTOGRAFIA – VAMOS ESCREVER CERTO?

1. Reescreva a anedota acentuando as palavras e colocando os travessões nas falas dos personagens.

NO RESTAURANTE

Garçao, traga-me uns erros de ortografia.
Aqui nao ha disso, senhor.
Mas o cardapio esta cheio deles...

Primeiro coquetel de palavras. Rio de Janeiro: Ediouro, s.d.

2. Escreva quatro palavras com **ch**, **x** e **ss**, prestando atenção na escrita.

a) Com **ch**

b) Com **x**

c) Com **ss**

3. Escolha três palavras do exercício anterior e forme frases com elas.

PRÁTICA DE PRODUÇÃO DE TEXTO

Leia as quadrinhas.

Ao lidar com inflamáveis,
Cuidado, muita atenção!
Pois, se houver fogo por perto,
É quase certa a explosão!

Você pode muito bem
Evitar os acidentes;
Somente brincam com fogos
As pessoas imprudentes.

Bicos de gás, ferro elétrico,
Merecem nossos cuidados;
Se você sair de casa,
Veja se estão desligados.

Nunca faça em sua casa
Instalações de emergência:
A parte elétrica exige
Técnicos de competência.

Guarde longe da criança,
Onde ela não possa achar:
Éter, cera, gasolina,
Corpos fáceis de inflamar.

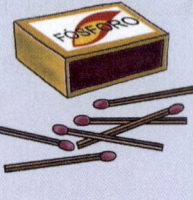

Cigarros e paus de fósforos,
Depois de serem usados,
Olhe bem onde os atira:
Veja se estão apagados!
Para proteger as fábricas,
As cidades e os sertões,
Vou travar luta sem tréguas
Contra os fogos e os balões.

Walter Nieble de Freitas.
Mil quadrinhas escolares. São Paulo: Edicel, s.d.

Ilustrações: Gaiola Estúdio

- Agora, escreva as quadrinhas em prosa com suas próprias palavras.

5. Substantivos

Como já vimos, os **substantivos** são palavras que nomeiam os seres.
Os substantivos dividem-se em:

1. **comuns** – os que designam seres da mesma espécie: **menina**, **país**, **mesa**.
2. **próprios** – os que se aplicam a um ser em particular: **Maria**, **Brasil**.
3. **concretos** – os que designam seres de existência real (**mulher**, **carro**) ou seres imaginários que podem ser representados como se existissem: **fada**, **bruxa**, **saci**.
4. **abstratos** – os que designam qualidades, sentimentos, ações e estados: **beleza**, **amor**, **viagem**, **vida**.
5. **simples** – os que são formados de um só radical: **chuva**, **tempo**.
6. **compostos** – os que são formados por mais de um radical: **guarda- -chuva**, **passatempo**.
7. **primitivos** – os que não se derivam de outra palavra: **pedra**, **dente**.
8. **derivados** – os que se derivam de outra palavra: **pedreiro**, **dentista**.
9. **coletivos** – os que exprimem uma coleção de seres da mesma espécie: **cardume**, **manada**, **bando**.

Os **substantivos próprios** são escritos com inicial maiúscula.

2. Reescreva o texto abaixo corrigindo os erros.

genésio entrou na avenida rui barbosa, parou em frente à loja bremer, cumprimentou seu amigo jorge e seguiu para são bernardo.

3. Invente nomes próprios para um jornal, um monte, um rio, um animal e uma fazenda.

1. Assinale as alternativas em que há apenas substantivos.

( ) beleza, belo, injustiça, injusto
( ) criança, sol, motorista, pássaro
( ) rua, vida, amor, paz, paisagem
( ) nosso, incrível, perdão, bom

c) terra

5. Escreva o substantivo primitivo correspondente ao seu derivado.

a) cafezal

b) canavial

c) avicultor

6. Reescreva as frases substituindo os verbos destacados por substantivos abstratos, como no modelo.

> Começaram a **discutir** e a **brigar**.
> Começaram a **discussão** e a **briga**.

a) Já é hora de **sair**.

b) Está na hora de **chegar**.

c) Caiu no momento de **fugir**.

4. Encontre substantivos derivados das palavras seguintes, como no modelo.

> barba   **barbeiro, barbearia**

a) pedra

b) laranja

7. Una as palavras formando substantivos compostos, como no modelo.

> passa   tempo   **passatempo**

a) gira sol

b) ferro via

c) terça feira

d) guarda noturno

e) guarda chuva

8. Preencha as lacunas com substantivos abstratos derivados dos adjetivos, como no modelo.

> Veja como seu colega é **bom**.
> Veja a **bondade** de seu colega.

a) Notem como o avião é **veloz**.

b) Percebeu como o texto é **fácil**?

c) Que água **límpida**!

9. Assinale com um traço os substantivos concretos e com dois os abstratos.
A literatura amplia e diversifica nossa visão e interpretação de mundo. Ler livros é descobrir um mundo novo, repleto de conhecimentos.

10. Dê o coletivo dos seguintes substantivos. Veja o modelo. Atenção aos diferentes sufixos!

> árvore **arvoredo**

a) ramos
b) vasilhas
c) cafeeiros
d) canas
e) coqueiros
f) vinhas
g) jabuticabeiras
h) teclas

11. Dê o substantivo abstrato dos seguintes substantivos concretos. Veja o modelo. Atenção aos diferentes sufixos!

> infrator **infração**

a) monarca
b) rei
c) mendigo
d) garimpeiro
e) cego

12. Classifique os substantivos a seguir, de acordo com o quadro. Observe o modelo.

> carro **comum, primitivo, concreto, simples**

> comum – próprio – primitivo
> derivado – abstrato – concreto
> simples – composto – coletivo

a) turma

b) sinaleiro

c) Clara

d) guarda-noturno

e) bondade

13. Escreva os coletivos pedidos e, depois, complete a cruzadinha abaixo com eles.

1. quadros, telas
2. fotografias
3. plantas de uma região
4. coleção de poesias
5. quinhentas folhas de papel
6. animais de uma região
7. flores
8. peixes
9. chaves
10. elefantes, búfalos
11. montanhas
12. árvores frutíferas
13. objetos usados no serviço de mesa

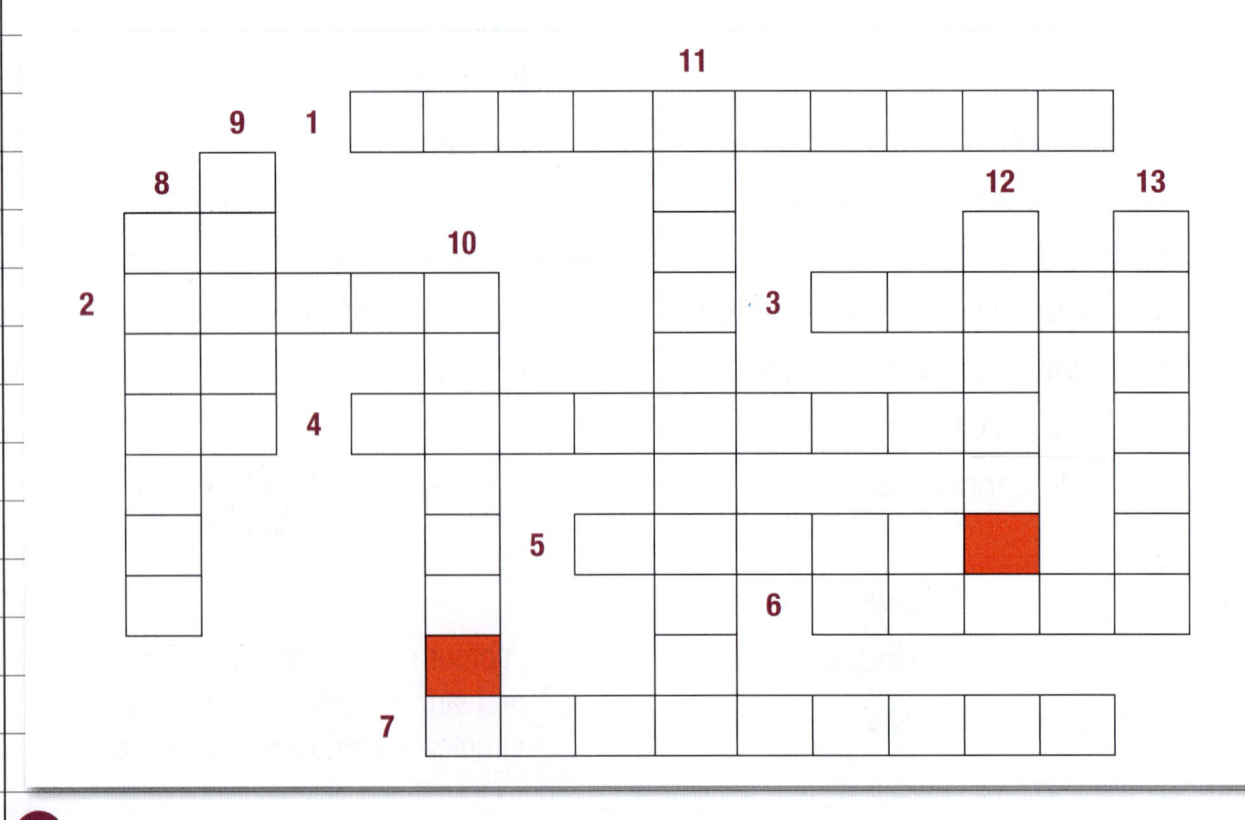

DITADO

6. Acentuação

Cristo Redentor. Ponto turístico, no Rio de Janeiro, conhecidíssimo mundialmente, que acolhe incontáveis visitantes todos os anos. De cima do Corcovado, esses visitantes contemplam a admirável paisagem da cidade.

PRINCIPAIS REGRAS DE ACENTUAÇÃO

- Recebem acento todas as **proparoxítonas**: **h á**bito, **côn**cavo, maquia**vé**lico.
- Recebem acento as palavras **oxítonas** terminadas em **a**, **e**, **o** (seguidas ou não de **s**) e as que terminam por **em** ou **ens**: car**á** – car**ás**; mar**é** – mar**és**; cip**ó** – cip**ós**; tamb**ém** – armaz**éns**.
- São acentuadas as palavras **oxítonas** terminadas em **i** e **u**, quando essas vogais vierem depois de outra vogal: Pia**uí**, b**aú**.
- Acentuamos as palavras **paroxítonas** terminadas em **l**, **n**, **r**, **x**, **ã**, **ão**, **i**, **is**, **um**, **uns**, **us**: fáci**l**, híf**en**, açúca**r**, tóra**x**, ím**ã**, órg**ão**, tá**xi**, láp**is**, álb**um**, álb**uns**, vír**us**.
- As palavras oxítonas terminadas nos ditongos abertos **éu**, **éi** e **ói** são acentuadas: chap**éu**, an**éis**, d**ói**.
- São acentuados os **monossílabos tônicos** terminados em **a**, **e**, **o** seguidos ou não de **s**: m**á** – m**ás**; p**é** – p**és**; n**ó** – n**ós**.
- Acentuam-se as formas verbais **vem** e **tem** no plural: v**ê**m, t**ê**m.

1. Releia a legenda acima e escreva as palavras que receberam acento.

2. Classifique as palavras acentuadas quanto à sílaba tônica.

3. Agora que você já conhece algumas regras de acentuação, responda: por que as palavras do exercício 1 foram acentuadas?

4. Complete as frases com a forma verbal correta.

a) Elas _____ de metrô. Você _____ comigo? (vir)

b) O povo quase não _____ com o que viver, enquanto os marajás _____ fortunas. (ter)

Note a diferença entre **pode** – **pôde**.
- **pode** = presente do indicativo do verbo **poder**: Ele **pode** ir agora.
- **pôde** = pretérito perfeito do indicativo do verbo **poder**: Ela só **pôde** ir ontem.

---

5. Agora, complete com **pode** ou **pôde**.

a) Você _____ vir comigo agora?

b) Naquela ocasião, ficou calada e não _____ dizer nada.

Observe como o acento pode mudar o sentido de certas palavras.
- **Ai** = interjeição que indica admiração ou dor: **Ai**, essa injeção doeu!
- **Aí** = advérbio de lugar: Vou passar **aí**, na sua casa.
- **Sai** = presente do indicativo do verbo **sair**: O menino **sai** cedinho para a escola.
- **Saí** = pretérito perfeito do indicativo do verbo **sair**: Eu **saí** atrasada de casa.

- **Cai** = presente do indicativo do verbo **cair**: Aquela criança **cai** muito.
- **Caí** = pretérito perfeito do indicativo do verbo **cair**: Eu **caí** na sala.
- **Esta** = pronome demonstrativo: **Esta** é a minha filha.
- **Está** = presente do indicativo do verbo **estar**: Ela **está** alegre.

---

6. Agora, complete com palavras do quadro anterior, de acordo com o sentido da frase. Veja o modelo.

> Ela **sai** por **aí** todos os dias procurando emprego.

a) Ontem eu _____ por _____ procurando meu cão.

b) Eu só _____ uma vez da escada, mas você _____ sempre.

c) _____, como dói meu machucado!

---

7. Complete as lacunas com ai ou aí, cai ou caí.

a) Espere por mim; vou _____ logo mais.

b) _____ vai o documento que me solicitou.

c) _____ que dor!

d) _____ de mim, se não chegar a tempo.

e) Eu _____ de mau jeito.

f) Cuidado! Assim você _____ .

8. Complete a cruzadinha, escrevendo os verbos na primeira pessoa do plural do pretérito imperfeito do subjuntivo. Acentue corretamente essas formas verbais.

1. Se eu coubesse – se nós...

2. Se eu pusesse – se nós...

3. Se eu quisesse – se nós...

4. Se eu fizesse – se nós...

5. Se eu ouvisse – se nós...

6. Se eu soubesse – se nós...

7. Se eu amasse – se nós...

9. Escreva os verbos na primeira pessoa do plural, acentuando corretamente. Veja o modelo.

abençoar — **nós abençoamos**

a) perdoar

b) enjoar

c) abotoar

d) amontoar

e) apregoar

f) voar

g) atordoar

10. Por que as palavras seguintes são acentuadas?

a) André

b) árvore

c) ótimo

d) está

e) lá

> Todas as **proparoxítonas** recebem acento gráfico na sílaba tônica.

11. Reescreva as palavras, acentuando--as.

a) unica

b) metropole

c) candida

d) mecanico

e) panico

f) acrescimo

g) cocega

h) helice

i) pessego

j) toxico

k) bussola

> São acentuadas as palavras **paroxítonas** terminadas por ditongo.

12. Observe os modelos e acentue devidamente as palavras abaixo.

primário – influência – maledicência

historia – horario – infancia

confluencia – gloria – radio – serie

impertinencia – miseria – intemperie

consciencia – adolescencia

gerencia – consequencia – vitoria

carie – paciencia – confidencia

labios – contrario – sabia

importancia – inocencia – competencia

> As palavras **oxítonas** terminadas em **a, e, o, em, ens** recebem acento gráfico na última sílaba.

13. Observe o exemplo e continue.

> ninguem   **ninguém**

a) voce

b) alem

c) cipo

d) tambem

e) ate

14. Escreva outras palavras que levam acento por serem:

a) terminadas em **ém**

b) terminadas em **ê** ou **ês**

c) terminadas em **ô** ou **ôs**

d) terminadas em **á** ou **ás**

15. Escreva as palavras no plural observando a queda do acento gráfico.

> mês   **meses**

a) rês

b) gás

c) cortês

d) inglês

e) japonês

f) português

16. Todas as notas musicais são monossílabas. Quais são acentuadas e quais não são?

Acentuadas

Não acentuadas

> **Regra dos monossílabos:** acentuam-se todos os monossílabos tônicos terminados por **a**, **e** e **o**.

17. Substitua o substantivo pelo pronome correspondente. Veja o modelo.

> Quero abraçar **minha mãe**.
> Quero abraçá-**la**.

a) Vou procurar **meu amigo**.

b) Você precisa defender **os seus direitos**.

c) Preciso vender **meu carro**.

d) Vou acompanhar **minhas amigas** na festa.

> **Atenção:**
>
> Os verbos do exercício anterior recebem acento porque são palavras **oxítonas** terminadas por **a** ou **e**.

18. Observe os modelos e faça o mesmo.

vovó **vovozinha**

a) fé
b) gambá
c) café
d) chá
e) pó
f) Zé
g) pá

só **somente**

a) difícil
b) fácil
c) amável
d) rápido
e) sábio
f) amigável
g) razoável

• Que conclusão você tira sobre a acentuação das palavras terminadas em **-zinho(a)** e **-mente**?

19. Escreva o antônimo das palavras, empregando os prefixos **im-**, **in-**, **ir-**.

responsável **irresponsável**

a) previsível
b) passível
c) útil
d) perdoável
e) consolável
f) provável
g) resistível
h) recuperável
i) repreensível

20. Acentue a vogal da sílaba tônica das palavras quando for necessário.

vi-**to**-ria, his-**to**-ria, **glo**-ria, **si**-tio
me-**mo**-ria, mi-**se**-ria
An-**to**-nio, o-pe-**ra**-rio, **vi**-cio, **a**-gua
e-gua, **re**-gua, **tre**-gua, **le**-gua
lin-gua, **ta**-bua, **a**-rea, **au**-rea
or-**qui**-dea, **ro**-seo, **ni**-vel, **nu**-cleo,

es-pon-ta-neo, o-leo

se-rie, es-pe-cie, ca-rie

no-doa, ma-goa, in-ge-nuo

> O **acento agudo** indica vogal tônica aberta: chap**é**u, av**ó**.
> O **acento circunflexo** indica vogal tônica fechada: av**ô**, **â**ncora, **ê**nfase.

21. Como terminam as palavras do exercício 20?

22. As palavras do exercício 20 são:
( ) oxítonas
( ) paroxítonas
( ) proparoxítonas

23. Que conclusão você tira sobre a acentuação dessas palavras?

24. Use o acento grave quando for necessário.

> **Lembre que:**
> O **a** só é craseado diante de palavras femininas!

O bom motorista obedece as leis de trânsito.
Fomos a praia.
Atribuiu a derrota a má sorte.
Apresentou-se a polícia do bairro.
Estou disposto a estudar.
Não me refiro a você nem a eles.
Saímos a noite.
Teve de sair a força. Prestaram uma homenagem a papai.

25. Escreva os substantivos seguintes usando o apóstrofo.
pau de alho
Santa Ana
pau de água
cobra de água
mãe de água

SINAIS GRÁFICOS

O **hífen** é usado:
- na separação de sílabas: ca-der-no;
- em palavras compostas: bem-te-vi;
- na união do verbo com o pronome: envio-lhe.

O **til** é usado para indicar som nasal: maçã, leões.

O **acento grave** é usado para indicar crase (a + a = à): Vou **à** feira.

A **cedilha** é usada no **c** antes de **a**, **o**, **u**: ro**ç**a, mo**ç**o, a**ç**úcar.

O **apóstrofo** é usado para indicar a supressão de uma letra: copo-d'água (em vez de copo **de** água).

26. Coloque as palavras no **plural**. Observe que todas elas possuem acento agudo (som aberto).

a) fiel

b) papel

c) hotel

d) coronel

e) pastel

f) bedel

g) anel

h) carrossel

27. Procure em livros, jornais e revistas dez palavras com acento circunflexo (som fechado).

ANOTAÇÕES

7. Flexão dos substantivos: gênero

Substantivo uniforme: uma só forma para o masculino e o feminino.
o dentista   a dentista
Substantivo biforme: uma forma para o masculino e outra para o feminino.
menin**o**   menin**a**

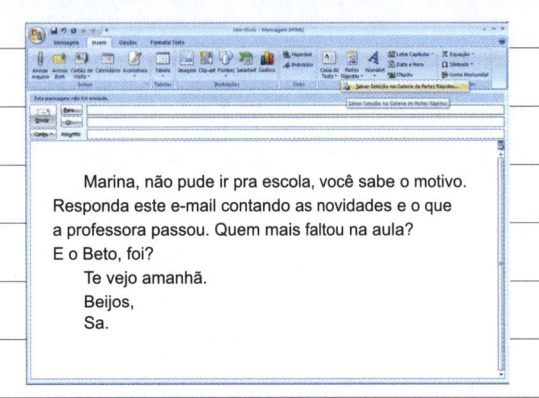

Marina, não pude ir pra escola, você sabe o motivo.
Responda este e-mail contando as novidades e o que a professora passou. Quem mais faltou na aula?
E o Beto, foi?
Te vejo amanhã.
Beijos,
Sa.

1. A aula em que Sabina faltou foi sobre gênero do substantivo. Relacione abaixo os substantivos femininos e masculinos que aparecem no texto do e-mail.

femininos

masculinos

2. Dê o feminino dos substantivos seguintes.

a) juiz
b) ator
c) duque
d) ladrão
e) conde
f) imperador

3. Determine o gênero dos substantivos antepondo o artigo **o** ou **a**.

Atenção:
Se precisar, utilize um dicionário.

a) eclipse   f) clã
b) dó   g) alface
c) derme   h) hematoma
d) omoplata   i) cal
e) edema   j) telefonema

Os substantivos **uniformes** são epicenos, sobrecomuns e comuns de dois gêneros.
- **Epicenos** – nomeiam animais e têm **um só gênero** para macho ou fêmea:
o peixe (macho ou fêmea)
a saúva (macho ou fêmea)
- **Sobrecomuns** – nomeiam pessoas e têm **um só gênero** para homem ou mulher:
a criança (menino ou menina)
o guia (homem ou mulher)
- **Comuns de dois gêneros** – têm **uma só forma**, mas indicam pessoas dos dois sexos. É possível diferenciá-los acrescentando um artigo ou um adjetivo:

o cliente → **a** cliente
artista **famoso** → artista **famosa**
meu colega → **minha** colega
motorista **novato** → motorista **novata**

4. Numere os substantivos seguintes de acordo com a classificação.

(1) epiceno
(2) sobrecomum
(3) comum de dois gêneros
(4) biforme

( ) ciclista   ( ) fã
( ) peru   ( ) capivara
( ) cidadão   ( ) cúmplice
( ) vítima   ( ) pavão
( ) cônjuge   ( ) borboleta

> **Atenção:**
> O significado de alguns substantivos depende do seu gênero: se estão no masculino significam uma coisa; se estão no feminino significam outra coisa.

5. Indique o significado dos substantivos a seguir. Se precisar, utilize um dicionário.

o cabeça	**o chefe**
a cabeça	**parte superior do corpo**

a) o grama
   a grama
b) o rádio
   a rádio
c) o capital
   a capital
d) o coral
   a coral
e) o moral
   a moral

6. Escreva o feminino de:

a) comilão
b) cônsul
c) valentão
d) freguês
e) plebeu
f) holandês
g) ateu
h) chinês
i) profeta
j) marquês
k) beberrão
l) cidadão
m) alemão
n) juiz
o) escrivão
p) frade

7. Separe os substantivos do quadro em duas colunas: masculinos e femininos.

> **Atenção:**
> Se precisar, utilize um dicionário.

hematoma – dinamite – pane
eczema – faringe – dó (pena)
grama (peso) – herpes – cal
derme – eclipse – clã – grama (relva)
libido – dilema – entorse – hélice
xerox – formicida – omoplata
champanhe – cólera (doença)

Masculinos

Femininos

8. Relacione os substantivos da direita e da esquerda à coluna do meio.

girafa		criatura
criança	epiceno	sabiá
dentista		cônjuge
jovem	comum de dois	rã
onça	gêneros	jornalista
pianista		estudante
vítima	sobrecomum	colega
telefonista		pessoa

9. Coloque o artigo de acordo com o gênero dos substantivos.

Atenção:
Se precisar, utilize um dicionário.

a) _____ pampas são campos do sul do país.

b) A derrota do time abateu _____ moral dos jogadores.

c) _____ mascote abriu o desfile da escola.

d) _____ íris é a membrana colorida do olho.

e) _____ cabeças da revolta foram presos ontem.

f) _____ capital investido na empresa ainda não teve retorno.

g) Uma das cobras mais venenosas do Brasil é _____ coral.

h) Quanto vale _____ grama de ouro?

i) _____ grama ainda estava coberta pelo orvalho da madrugada.

> O substantivo **personagem** é usado indistintamente nos dois gêneros. Nota-se atualmente uma preferência pela forma masculina: o personagem.

10. Reescreva esta frase na forma masculina.

> Quantas são as personagens deste livro?

11. Reescreva esta frase na forma feminina.

> Iracema é o personagem principal de um dos romances de José de Alencar.

12. Escreva cinco substantivos masculinos que sejam nomes de:

> pessoas – objetos escolares – animais

13. Escreva cinco substantivos que sejam nomes de:

> flores – frutas – roupas

14. Leia o texto e responda às questões.

CAVERNA

Houve um dia,
no começo do mundo,
em que o homem
ainda não sabia
construir sua casa.

Então disputava
a caverna com os bichos
e era aí a sua morada.

Deixou para nós
seus sinais,
desenhos desse mundo
muito antigo.

Animais, caçadas, danças,
misteriosos rituais.

Que sinais
deixaremos nós
para o homem do futuro?

Roseana Murray. *Casas*. Belo Horizonte: Formato, 1994.

a) Por que o homem primitivo deixou registrado nas paredes das cavernas desenhos e sinais?

b) Que tipos de desenho ele fez?

c) Prolongue o poema de Roseana Murray, imaginando uma resposta para a pergunta da última estrofe.

15. Procure no poema palavra(s) que serve(m) para indicar:

a) pessoas
b) animais
c) coisas
d) ação

16. Descubra no poema duas palavras que expressam características.

17. Copie do poema as palavras cujos significados estão registrados a seguir.

Lutava para conseguir algo, competia com alguém para obter algo.

Cerimônias, cultos ou ritos de uma religião.

18. O texto de Roseana Murray faz referência a bichos e animais.

a) Você possui algum animal em casa? Qual?

b) Se, sim, qual é o nome dele?

19. Agora, responda.

a) Qual é o substantivo comum que indica a espécie de animal que você tem em casa?

b) Qual é o substantivo próprio pelo qual ele é chamado?

20. Escreva seu endereço completo.

a) Há substantivos próprios no seu endereço? Quais?

b) Há substantivos comuns?

c) Quais?

21. Destaque do texto seguinte substantivos que denotam agrupamento de seres da mesma espécie.

> Para sobreviver, o homem primitivo caçava sob a sombra de florestas fechadas; por muitas vezes teve de enfrentar a alcateia de lobos famintos ou fugir da manada de pesados elefantes.

22. Como é chamado o substantivo que indica agrupamento de seres da mesma espécie?

23. Forme substantivos compostos, unindo adequadamente as palavras do quadro.

> pães – sol – beija – terças – couves de – guarda – pés – te – para – bem choque – ló – cachorros – moleque flor – feiras – chuva – flores quentes – vi – gira – de

24. O que é, o que é? Descubra e escreva no plural.

a) Doce feito com açúcar mascavo e pedacinhos de amendoim.

b) Pequeno pássaro que se alimenta do néctar das flores.

c) Pessoa que tem o vício de falar mal dos outros.

d) A melhor obra de um autor.

e) Pássaro de peito amarelo que, no seu canto, afirma que te viu.

f) Aparelho utilizado em propaganda de rua que aumenta o som.

g) Guarda que trabalha à noite.

h) Pombo utilizado para levar mensagens ou correspondência.

i) Dia da semana que antecede o sábado.

25. Descubra o profissional, escrevendo substantivos derivados dos substantivos seguintes. Veja o modelo.

pedra   **pedreiro**

dente
sapato
vaca
peixe
pizza
relógio
ave

26. Escreva o substantivo primitivo correspondente ao derivado. Veja o modelo.

marinheiro   **mar**

doceria
laranjada
bananeira
alfaiataria
livreiro
papelaria

27. Encontre substantivos derivados dos verbos. Veja o modelo.

chamar   **chamada**

caminhar
entrar
distrair
compreender
meditar
criar

Lembre-se:

O **substantivo uniforme** tem uma só forma para o masculino e o feminino.

o oculista   **a** oculista

O **substantivo biforme** tem uma forma para o masculino e outra para o feminino.

garot**o**   garot**a**

28. Escreva **uni** para substantivo uniforme e **bi** para substantivo biforme. Veja o modelo.

> gato   bi

cliente
colega
cantor
juiz
artista
jogador

29. Observe as duas expressões e depois responda às questões.

> **o** estudante   **a** estudante

a) Como se identifica o sexo do ou da estudante?

b) Esse tipo de substantivo uniforme que admite tanto o artigo masculino como o feminino é chamado de:
( ) comum de dois gêneros
( ) sobrecomum
( ) epiceno

30. Assinale os substantivos comuns de dois gêneros.

( ) colega
( ) locutor
( ) recepcionista
( ) jogador
( ) taxista
( ) repórter
( ) artista
( ) ator

31. Responda às questões.

a) **Criança** é um substantivo:
( ) uniforme
( ) biforme
( ) masculino
( ) feminino
( ) que admite dois artigos: **o, a**
( ) que admite apenas um artigo (**a** ou **uma**)

b) O substantivo uniforme que se refere a pessoas e tem um só gênero chama-se:
( ) substantivo comum de dois gêneros
( ) substantivo sobrecomum
( ) substantivo epiceno

ANOTAÇÕES

8. Flexão dos substantivos: número

① **Cresce aluguel de imóvel residencial**

② **Governo quer limitar o juro**

③ *Trabalhadores conquistam reajuste*

④ **Empresa espera faturar alto com seleção**

⑤ **Condição do gramado preocupa comissão técnica**

1. Releia os títulos de artigos de jornal e reescreva-os, colocando no plural o que está no singular e no singular o que está no plural.

①

②

③

④

⑤

> As **oxítonas** terminadas em **-al**, **-el**, **-ol**, **-ul** formam o plural em **-is**.

2. Escreva as palavras no plural. Veja o modelo.

canal   canais

a) papel

b) lençol

c) carretel

d) anzol

e) girassol

f) coronel

> As **paroxítonas** (acentuadas) terminadas em **-il** formam o plural em **-eis**.

3. Escreva as palavras no plural. Veja o modelo.

fácil   fáceis

a) réptil

b) têxtil

c) projétil

> As **oxítonas** (não acentuadas) terminadas em **-il** recebem **-is** no plural.

4. Escreva as palavras no plural. Veja o modelo.

funil   funis

a) cantil

b) fuzil

c) pernil
d) anil
e) barril
f) canil

> Substantivos ou adjetivos terminados em **-m** recebem **-ns** no plural.

5. Escreva as palavras no plural. Veja o modelo.

> jove**m**   jove**ns**

a) homem
b) bombom
c) jasmim
d) atum
e) marrom
f) garçom
g) bem
h) armazém

> Os substantivos ou adjetivos terminados em **-s**, **-r** ou **-z** formam o plural acrescentando-se **-es** ao singular.

6. Escreva as palavras no plural. Veja o modelo.

> rapaz   rapazes

a) dólar
b) gás

c) juiz
d) clamor
e) rês
f) ímpar
g) caráter
h) abajur
i) freguês
j) inglês
k) noz

7. Escreva as palavras no plural. Veja o modelo.

> o ônibus   os ônibus

a) o pires
b) o tênis
c) o vírus
d) o atlas
e) o lápis
f) o ourives
g) o tórax
h) o ônus

8. Escreva as palavras no plural. Veja o modelo.

> mão   mãos

a) grão
b) são
c) cidadão
d) ancião

e) pagão

f) cristão

g) órgão

h) bênção

9. Escreva as palavras no plural. Veja o modelo.

| limão | limões |

a) anão

b) botão

c) balão

d) canção

e) mamão

f) melão

10. Escreva as palavras no plural. Veja o modelo.

| pão | pães |

a) cão

b) alemão

c) capitão

d) capelão

Alguns substantivos terminados em **-ão** admitem mais de uma forma no plural.

11. Escreva as palavras no plural. Veja o modelo.

| aldeão | aldeãos / aldeões |

a) sultão

b) vilão

c) refrão

PLURAL DOS SUBSTANTIVOS COMPOSTOS

Ambos os elementos vão para o plural quando houver:

- substantivo + substantivo – decreto-lei / decretos-leis.
- substantivo + adjetivo – cachorro-quente / cachorros-quentes.
- adjetivo + substantivo – curto-circuito / curtos-circuitos.
- numeral + substantivo – quinta-feira / quintas-feiras.

12. Escreva as palavras no plural. Veja o modelo.

| abelha-mestra | abelhas-mestras |

a) cirurgião-dentista

b) sabiá-branco

c) má-língua

d) terça-feira

> **Somente o primeiro elemento vai para o plural quando houver:**
> - substantivo + preposição + substantivo – pé-de-meia / pés-de-meia.

13. Escreva as palavras no plural. Veja o modelo.

| pé-de-meia | **pés-de-meia** |

a) estrela-do-mar

b) joão-de-barro

c) queda-d'água

d) pimenta-do-reino

> **Somente o primeiro elemento vai para o plural, quando o segundo elemento indicar:**
> - tipo – laranja-cravo / laranjas-cravo.
> - finalidade – navio-hospital / navios-hospital.

14. Escreva as palavras no plural. Veja os modelos.

| laranja-lima | **laranjas-lima** |
| navio-escola | **navios-escola** |

a) banana-maçã

b) peixe-boi

c) pombo-correio

d) mapa-múndi

e) homem-rã

> **Somente o segundo vai para o plural, quando o primeiro elemento for verbo:** guarda-comida / guarda-comidas.

15. Escreva as palavras no plural. Veja o modelo.

| o guarda-roupa | **os guarda-roupas** |

a) o beija-flor

b) o guarda-chuva

c) o parapente

d) o saca-rolha

> **Somente o segundo vai para o plural, quando o primeiro elemento for palavra invariável:** vice-presidente / vice-presidentes.

16. Escreva as palavras no plural. Veja o modelo.

> O abaixo-assinado
> **Os abaixo-assinados**

a) a sempre-viva

b) o alto-falante

c) o vice-campeão

17. Escreva as frases no plural.

a) O porta-estandarte estudantil caminha à frente do desfile.

b) O parapente coloriu o céu.

c) O beija-flor é pequena obra-prima da natureza.

18. Escreva as palavras no feminino plural.

a) cidadão

b) ator

c) réu

d) cônsul

e) marquês

19. Escreva as palavras no plural.

> Atenção à acentuação!

a) bicho-da-seda

b) guarda-sol

c) para-lama

d) porta-bandeira

e) vira-lata

f) guarda-roupa

g) busca-pé

20. Escreva as palavras no plural. Veja o modelo.

> cartão-postal   **cartões-postais**

a) couve-flor

b) cachorro-quente

c) guarda-civil

d) obra-prima

e) ferro-velho

21. Passe as frases para o plural. Veja o modelo.

> Não se via mais beija-flor no jardim.
> **Não se viam mais beija-flores nos jardins.**

a) Ele vendia cachorro-quente e pé de moleque.

b) Ele voltava cedo na terça-feira.

c) Eu plantava amor-perfeito no meu jardim.

22. Escreva as expressões no plural.

a) uma ideia simples e brilhante

b) uma prova complicada e difícil

c) pessoa invejosa e má

d) avião e carro rápido

e) filha e pai calado

23. Junte as frases e faça a concordância. Veja o modelo.

> A filha é honesta. O pai é honesto.
> **A filha e o pai são honestos.**

a) A onça é feroz. O leão é feroz.

b) O ator é inglês. A atriz é inglesa.

c) A vaca é ruminante. O carneiro é ruminante.

d) Fábio é estudioso. Sílvia é estudiosa.

ORTOGRAFIA – VAMOS ESCREVER CERTO?

1. Dê o plural das seguintes palavras.

- pagão
- alemão
- ourives
- alto-falante
- lápis
- dócil
- homem
- dólar
- saca-rolha
- funil
- bênção
- têxtil
- atlas
- nuvem
- vírus
- são
- estrela-do-mar
- difícil
- segunda-feira
- amor-perfeito (flor)
- jasmim
- tenente-coronel
- imóvel
- vulcão

2. Flexione no plural as seguintes palavras.

a) mês

b) fóssil

c) rês

d) hífen

e) sol

f) caráter

g) mal

h) líquen

i) sal

j) ímã

k) ás

l) refém

m) túnel

n) fã

o) réptil

p) revés

Papéis, faróis, caracóis, fogaréu, céu são acentuadas porque são oxítonas terminadas em ditongos abertos **éi, ói, éu.**

3. Agora é a sua vez! Encontre no dicionário outras palavras acentuadas pelo mesmo motivo e escreva-as aqui.

4. Escreva as frases no plural.

a) Você já imaginou um mundo sem planta?

b) Que tal você se saiu?

c) Se não fosse a planta, eu não estaria aqui.

5. Separe as sílabas. Acentue o i ou o u que formar hiato com a vogal anterior.

a) saida

b) saude

c) peixe

d) miudo

e) graudo

f) proibem

g) reune

h) pauta

6. Reescreva as frases acentuando os ditongos orais abertos.

a) O ser humano constroi aqui, destroi ali: é heroi e reu dos proprios atos.

b) O fogareu invadiu o matareu.

c) O chapeu do rapaz apontava para o ceu.

DITADO

9. Sinais de pontuação

Ziraldo. *As melhores tiradas do Menino Maluquinho*. São Paulo: Melhoramentos, 2000.

1. Que sinais de pontuação foram usados na tira do Menino Maluquinho?

2. Pesquise e responda às questões.
  a) Para que servem as reticências?

  b) Que sinais foram usados para indicar o espanto do menino?

Ponto-final	.
Vírgula	,
Ponto e vírgula	;
Dois-pontos	:
Travessão	—
Ponto de interrogação	?
Ponto de exclamação	!
Reticências	...
Parênteses	( )
Aspas	" "

3. Veja o modelo e coloque as frases no imperativo (modo de verbo que indica ordem ou pedido).

Atenção:
Use o ponto de exclamação!

Ter cuidado / prestar atenção.
Tenha cuidado! Preste atenção!

a) Calma / responder com calma

b) Parar / ficar onde está

c) Correr / chegar a tempo

d) Ter coragem / enfrentar as dificuldades

4. Use a vírgula para separar as palavras nas enumerações ou listas.

a) Você já se imaginou andando ao longo de ruas só vendo pedras prédios carros ônibus caminhões lojas e fábricas?

b) O cachorro era peludo cinza e de olhos claros.

5. Usando a vírgula para separar as palavras nas enumerações, cite coisas feitas:

a) da madeira

b) do leite

c) do couro

6. Reescreva as frases, empregando a vírgula nas enumerações e o ponto-final.

a) Todo menino pintava casa árvore flor e bicho

b) A terra o mar o céu tudo atrai a curiosidade do homem

c) Os curiosos se aproximam olham perguntam e seguem em frente

d) A televisão o rádio os jornais e as revistas são poderosos meios de comunicação

e) Trabalhe cumpra sua tarefa

f) Pare com tudo deixe isso para amanhã

7. Faça duas perguntas usando o ponto de interrogação.

a)

b)

8. Reescreva as frases, usando os parênteses nos devidos lugares.

a) Monteiro Lobato escritor paulista é muito lido pelos jovens.

b) Rio de Janeiro a cidade maravilhosa atrai turistas do mundo todo.

9. Reescreva e coloque as aspas para separar as citações.

a) Dom Pedro disse: Independência ou morte!.

b) Um amigo cochichou: Não faça essa bobagem.

10. Distribua as palavras em oxítonas e paroxítonas. Use a vírgula para separá-las.

> anel – amável – funil – útil – canil
> fúteis – pastéis – cônsul – amor
> dólar – mártir – qualquer – revólver
> caráter – lápis – papéis – pomar

Oxítonas

Paroxítonas

11. Use a vírgula para separar as palavras que usamos para chamar alguém.

a) Amigos prestem atenção!

b) Venha aqui menino.

c) É grave doutor?

d) Professora não entendi.

e) Tenha calma menina.

12. Reescreva o texto:
- colocando a pontuação;
- acentuando as palavras;
- passando as falas dos personagens para a norma padrão.

MAIS UM ANIMAL

Chico chegou da rua com um gatinho muito preto e muito magro debaixo do braço

Vai me dizer que ja arrumou mais dor de cabeça pra mim disse-lhe a mae

Olha pra ele mae tao bonitinho tao magrinho Oce nao tem do dele

Do eu tenho mas nao quero saber de mais bicho em casa O quintal ja ta parecendo zoologico

A senhora mesmo vive rezando pra Sao Francisco o santo que acolhia os bichos

A mae nao aguentou olhou com muito amor para o menino passou a mao nos cabelos dele e disse-lhe

Pode Chico Mas que seja o ultimo bicho que voce traz pra casa Ta certo assim

Ta ta certo mae Oce e joia mesmo

E bem baixinho no ouvido de Faquir disse-lhe

Eu nao falei que ela acabava cedendo Ela e joia

Elias José. *Com asas na cabeça*. São Paulo: Nacional, 1985.

PRÁTICA DE PRODUÇÃO DE TEXTO

A seguir, você tem o início de uma crônica de Carlos Drummond de Andrade. Continue a narração a seu modo. Use a pontuação própria dos diálogos (: – ! ? ...).

ASSALTO

"Na feira, a gorda senhora protestou a altos brados contra o preço do chuchu:

– Isto é um assalto!

Houve um rebuliço. Os que estavam perto fugiram. Alguém, correndo, foi chamar..."

Carlos Drummond de Andrade. *70 historinhas*. Rio de Janeiro: J. Olympio, 1978.

10. Flexão dos substantivos: grau

INHO – ÃO

Tem gente que pensa **inho**
Tem gente que pensa **ÃO**

inho é achar tudo bonitinho,
ÃO É TER OPINIÃO.

inho é não estar nem aí,
ÃO É SER CIDADÃO.

imitar é **inho**,
CRIAR É **ÃO**.

inho é anonimato.
ÃO É CONSAGRAÇÃO.

inho é calar,
ÃO É ABRIR O BOCÃO.

Propaganda de *O Estado de S. Paulo*, mar. 2006.

1. Explique o sentido das frases.
"Tem gente que pensa inho"

"Tem gente que pensa ÃO"

2. Explique com suas palavras o que quer dizer:
"imitar é inho,
CRIAR É ÃO".

3. Com o auxílio dos sufixos -aça, -aço, -alha, -arra, -ázio, -zarrão, -eirão, -orra, -uça, -aréu, forme o aumentativo de:

a) cara
b) mão
c) fogo
d) cabeça
e) boca
f) dente
g) barca
h) muro
i) forno
j) homem
k) voz
l) mato

4. Servindo-se dos sufixos diminutivos **-acho, -eco, -ejo, -eta, -ico, -inho -isco, -im, -oca, -ola, -ote, -ulo,** complete a cruzadinha escrevendo as palavras no grau diminutivo.

1. namoro
2. espada
3. engenho
4. jornal
5. sala
6. porta
7. casa
8. serra
9. caixa
10. globo
11. rio
12. lugar
13. rua
14. chuva
15. pai

5. Forme o diminutivo dos substantivos utilizando os sufixos -ulo, -ula ou -culo, -cula.

> raiz **radícula**   ovo **óvulo**

a) corpo
b) gota
c) parte
d) globo
e) grão
f) monte
g) pele
h) verso
i) cela
j) nó

> Às vezes o **diminutivo** e o **aumentativo** não exprimem o tamanho menor ou maior dos seres, mas indicam afeto e carinho ou desprezo.
> mãe – mãezinha   amor – amorzinho
> nariz – narigão   bobo – bobão
> gente – gentalha   jornal – jornaleco

6. Faça o que se pede.
  a) Crie uma frase com o diminutivo **paizinho**.

  b) Crie uma frase com o aumentativo **narigão**.

7. Escreva a forma normal dos substantivos.
a) festança
b) rapagão
c) cançoneta
d) bastonete
e) radícula
f) chapelão
g) viela
h) ossículo
i) manzorra
j) povaréu
k) casulo
l) sineta
m) veranico
n) febrícula

8. Substitua os diminutivos pelas formas normais.
a) Do hotelzinho da ruela ouvia-se uma cançoneta saudosista.

b) O jornaleco chegou à aldeola de manhãzinha.

c) O riacho do vilarejo movimentava aquela engenhoca.

d) O fortim da ilhota não resistiu ao ataque.

f) nuvem (nuvens)
g) papel (papéis)
h) botão (botões)
i) lençol (lençóis)
j) pão (pães)

ORTOGRAFIA – VAMOS ESCREVER CERTO?

DIMINUTIVO PLURAL

Observe:

anim**al** – anim**ais** – animaizinhos

c**ão** – c**ães** – cãezinhos ou cãezitos

Para formar o diminutivo plural dos substantivos, suprime-se o **s** do plural da forma básica e acrescenta-se -**zinhos** ou -**zitos**.

1. Observe o modelo e escreva os substantivos no diminutivo.

Quando o substantivo tem **s** na forma normal, continua com **s** no diminutivo.

mesa   **mesinha**

a) asa
b) brasa
c) casa
d) coisa
e) lápis

Quando o substantivo não tem **s** na forma normal, ele é escrito com **z** no diminutivo.

pão   **pãozinho**

9. Escreva no diminutivo plural.

Atenção:

Os substantivos que têm acento agudo não recebem acento gráfico no grau diminutivo.

chapéu – chapeuzinho

vovó – vovozinha

a) anel (anéis)
b) mão (mãos)
c) pé (pés)
d) pai (pais)
e) trem (trens)

f) amor
g) flor
h) pó
i) café
j) sinal

Lembre que:

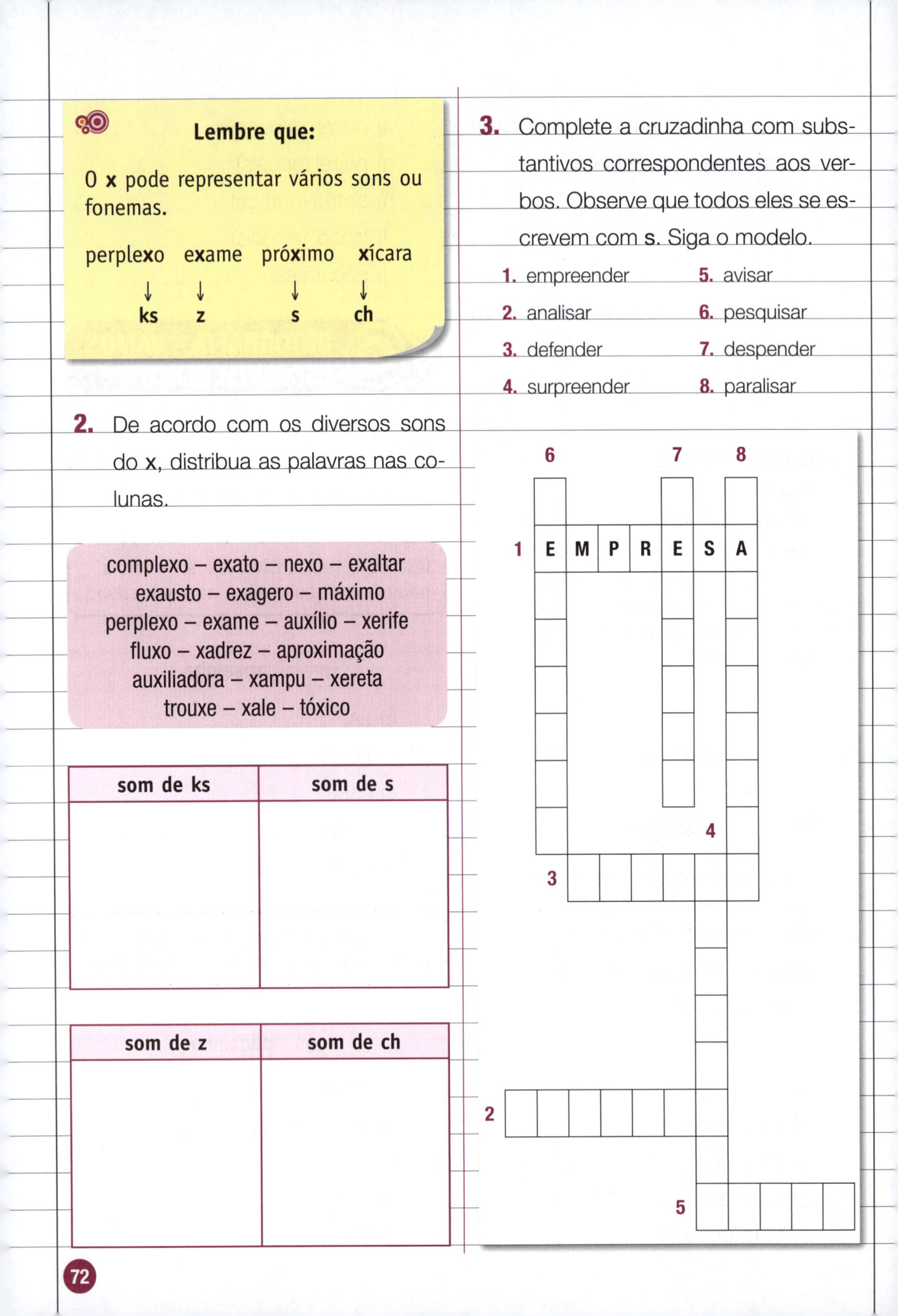

O **x** pode representar vários sons ou fonemas.

perple**x**o e**x**ame pró**x**imo **x**ícara
↓ ↓ ↓ ↓
ks   z   s   ch

2. De acordo com os diversos sons do **x**, distribua as palavras nas colunas.

complexo – exato – nexo – exaltar
exausto – exagero – máximo
perplexo – exame – auxílio – xerife
fluxo – xadrez – aproximação
auxiliadora – xampu – xereta
trouxe – xale – tóxico

som de ks	som de s

som de z	som de ch

3. Complete a cruzadinha com substantivos correspondentes aos verbos. Observe que todos eles se escrevem com **s**. Siga o modelo.

1. empreender   5. avisar
2. analisar   6. pesquisar
3. defender   7. despender
4. surpreender 8. paralisar

1 E M P R E S A

4. Escreva o plural e, em seguida, o diminutivo plural das palavras seguintes. Veja os modelos.

> pão   **pães – pãezinhos**
> papel **papéis – papeizinhos**

a) mão

b) pastel

c) flor

d) animal

e) boi

5. Complete formando substantivos abstratos a partir dos verbos.

> difundir   **difusão**

a) iludir
b) dividir
c) invadir
d) imergir
e) confundir
f) emitir
g) demitir
h) permitir
i) imprimir
j) comprimir

6. Encontre no diagrama os substantivos correspondentes aos verbos seguintes.

a) agir   n) inflar
b) ajeitar   o) ir
c) amar   p) latir
d) arrumar   q) odiar
e) aumentar   r) olhar
f) beijar   s) rir
g) conversar   t) roçar
h) corrigir   u) rodar
i) cozinhar   v) usar
j) exagerar   w) vir
k) folhear   x) visitar
l) fugir   y) xeretar
m) gritar   z) zunir

A	C	O	N	V	E	R	S	A	T	A	F	L	P	V	V
B	O	B	E	I	J	O	J	U	S	F	U	G	A	A	I
C	R	K	Z	N	Ç	Ç	K	M	U	B	S	R	R	R	S
D	R	L	A	D	E	A	W	E	Y	M	O	I	S	R	I
E	E	M	F	A	F	G	L	N	V	C	G	T	T	U	T
A	Ç	Ã	O	Y	E	O	M	T	Z	D	H	O	U	M	A
F	Ã	N	L	X	X	L	C	O	Z	I	N	H	A	A	B
A	O	O	H	E	A	H	N	W	J	E	I	T	O	Ç	C
M	H	P	A	R	G	O	Z	I	N	F	L	A	Ç	Ã	O
O	I	Q	B	E	E	H	Ó	D	I	O	J	N	X	O	D
R	I	S	O	T	R	O	D	A	A	L	A	T	I	D	O
G	J	R	C	A	O	I	Z	U	N	I	D	O	Z	F	E

PRÁTICA DE PRODUÇÃO DE TEXTO

Primeira sugestão

Frase feita, ditado ou advertência popular. Não há ninguém que não tenha se deparado com esse tipo de conselho ou aviso. Pois essas frases que usam expressões às vezes até mirabolantes para passar uma mensagem também fazem parte do folclore.

Você sabia?

O primeiro de abril é chamado **Dia dos Peixes** na França, **Dia das Bonecas** no Japão, **Dia dos Bobos** na Espanha e **Dia da Mentira** no Brasil.

O dia primeiro de abril já faz parte do nosso calendário. Invente uma "pegadinha" de primeiro de abril.

a) Vou mostrar com quantos paus se faz uma canoa.

b) É melhor ficar com as barbas de molho.

c) Você tem os olhos maiores do que a barriga.

d) Quem vai ao vento perde o assento.

Segunda sugestão

1. Leia o texto com atenção e, a seguir, explique com suas palavras o significado de algumas frases feitas do folclore popular.

e) O peixe morre pela boca.

f) Quem cochicha o rabo espicha.

g) Debaixo deste angu tem caroço.

h) Quando um burro fala, o outro abaixa as orelhas.

i) É muito cacique para pouco índio.

j) É muita areia para meu caminhãozinho.

k) A cavalo dado não se olham os dentes.

l) Matar a cobra e mostrar o pau.

2. Agora é a sua vez! Crie uma quadrinha popular, um trava-língua ou uma adivinha.

11. Artigo

> HOJE É MEU ÚLTIMO DIA DE PRAIA, MIGUELITO. O QUE ME CONSOLA É SABER QUE VOCÊ MORA PERTO DE MIM. LÁ A GENTE SE ENCONTRA
> CLARO!
>
> VOU TE APRESENTAR MEUS AMIGOS!
> O QUÊ?!... ELA TEM AMIGOS!
>
> PENSEI QUE EU FOSSE **O** AMIGO. MAS SOU SÓ **UM** AMIGO A MAIS!
>
> VOCÊ É IGUAL ÀS OUTRAS!

Quino. *Toda Mafalda*. São Paulo: Martins Fontes, 1995.

1. Explique com suas palavras o que o personagem quis dizer no terceiro quadrinho com as expressões "**o** amigo" e "**um** amigo".

2. Em geral, manchetes e títulos de jornais não usam os artigos. Reescreva o título de um artigo de jornal usando artigos definidos (**o, a, os, as**).

> ▶ **Cidade muda sua rotina: escritórios e lojas encurtam expediente e até escolas fecham**

Artigos são palavras que vêm antes dos substantivos para determiná-los ou indeterminá-los.

— Vi **uma** pessoa saindo da casa.

- **uma:** ideia imprecisa, indeterminada.

— Olha! É **a** empregada!

- **a:** ideia determinada, definida, pois já se sabe quem é a pessoa.

Artigos definidos: o, a, os, as.
Artigos indefinidos: um, uma, uns, umas.

3. Assinale com um traço os artigos definidos e com dois os indefinidos.

a) A chácara ficava a um quilômetro da rodovia.

b) "A modéstia doura os talentos; a vaidade os deslustra". (Marquês de Maricá)

c) As pessoas que saem de noite se expõem a muitos perigos.

d) Helena é uma garota simpática a quem todos querem bem.

> Quando a preposição **a** junta-se aos artigos **a, as** temos a crase.
> Irei **a** + **a** cidade. = Irei **à** cidade.
>   ↑   ↑
> Irei **para** + **a** cidade.

4. Reescreva as frases usando o sinal da crase.

a) Ela se dirigiu (a + a) amiga.

b) Apresentou-se (a + as) pessoas presentes.

c) Pedimos ajuda (a + a) professora.

d) Fomos (a + a) feira ontem cedo.

e) Encaminhou-se (a + a) entrada principal.

f) Levei flores (a + as) aniversariantes.

g) Gostaria de ir (a + a) exposição de animais.

12. Adjetivo

Tênis Juventude
macio, antiderrapante, confortável, duradouro
Fabricado por quem conhece os desejos do pé
Rua Miritiba, 31 - Rio de Janeiro
Tel/Fax (21) 3131-1718
E-mail:@juventudered.com

> **Adjetivos** são palavras que caracterizam, qualificam os substantivos.
> Exemplo:
> Nessa casa há uma **enorme** árvore de flores **vermelhas**.

1. Que produto está sendo anunciado?

2. Que palavras foram usadas para indicar as qualidades do produto e atrair o comprador?

3. Que qualidade indica que o tênis resistirá ao longo uso?

4. Que qualidade chama a atenção para a segurança do comprador?

5. Se você fosse comprar um par de tênis, que qualidades gostaria que ele tivesse?

6. Desafie um colega e veja quem consegue atribuir mais adjetivos (qualidades, características) a uma estrada, que pode ser longa, curta, larga, municipal, esburacada etc.

substantivo ←——— adjetivos

Uma **estrada**
pode ser

> Alguns adjetivos são formados por um grupo de palavras: são as **locuções adjetivas**.

7. Observe os exemplos e continue escrevendo os adjetivos que correspondem às locuções adjetivas.

estrada

| do estado | = | **estadual** |
| do município | = | **municipal** |

substantivo — locução adjetiva — adjetivo

- da federação =
- com asfalto =
- com buracos =
- cheia de perigos =
- cheia de curvas =
- de terra =
- de barro =

8. Complete.
- **Locução adjetiva** é um grupo de palavras que vale por um _____.

9. Sublinhe os adjetivos das frases.
a) Era de impressionante beleza a filha mais nova do imperador.
b) Ovídio era um garoto gordo e baixo; sua irmã era esbelta.
c) Havia flores azuis e vermelhas no lindo vaso de porcelana.
d) O satélite meteorológico envia imagens nítidas à Terra.
e) Estou ansioso por conhecer a mais nova pretendente ao cargo.

10. Escreva os adjetivos correspondentes aos substantivos.

> pessoa – **pessoal**

a) amor
b) poder
c) solidariedade
d) espessura
e) sabedoria
f) rapidez

> **FORMAÇÃO DOS ADJETIVOS**
> Quanto à formação, o adjetivo pode ser:
> - **primitivo** (não deriva de outra palavra): bom, forte.
> - **derivado** (deriva de outra palavra): bondoso, fortalecido.
> - **simples** (um só radical): verde.
> - **composto** (mais de um radical): verde-escuro.

11. Faça concordar os adjetivos com os substantivos.
a) O ar e a água são _____ à vida. (*indispensável*)

b) João e Maria caminhavam _____ quando foram _____. (*distraído / assaltado*)

c) As recepcionistas foram muito _____ e _____. (*paciente / gentil*)

12. Assinale o(s) adjetivo(s) que completa(m) corretamente cada frase.

a) O menino e a mãe são:
( ) parecidas
( ) parecidos

b) A mãe e a filha são:
( ) queridas
( ) gentis

c) O aluno e o professor são:
( ) preparados
( ) preparadas

13. Construa frases com os seguintes adjetivos:

a) gentil

b) veloz

c) fáceis

14. Escreva os adjetivos no feminino.

a) mau
b) bom
c) são
d) europeu
e) ateu
f) cristão
g) chorão
h) judeu
i) francês

FLEXÃO DOS ADJETIVOS: GÊNERO

Quanto ao gênero (masculino / feminino), os adjetivos dividem-se em:
- **uniformes:** têm a mesma forma para o masculino e o feminino: feliz, ruim.
- **biformes:** têm uma forma para o masculino e outra para o feminino: cru – crua.

FLEXÃO DOS ADJETIVOS: NÚMERO

Os **adjetivos simples** formam o plural do mesmo modo que os substantivos: bonito – **bonitos**; feliz – **felizes**.

15. Passe para o plural.

a) larga
b) feio
c) amarela
d) clara

16. Escreva os adjetivos no plural.

a) cruel
b) azul
c) gentil
d) simples
e) veloz
f) feroz

17. Passe para o plural.

a) folha verde-clara
b) discussão político-social
c) esforço sobre-humano
d) criança recém-nascida
e) saia azul-pavão
f) blusa amarelo-laranja
g) vestido cor de café

PLURAL DOS ADJETIVOS COMPOSTOS

a) **Somente o último elemento vai para o plural quando houver:**
- adjetivo + adjetivo
  grã-fino / grã-finos.
- palavra invariável + adjetivo
  mal-educada / mal-educadas.

b) **São invariáveis os adjetivos compostos quando formados de:**
- adjetivo (cor) + substantivo
  saia verde-esmeralda / saias verde-esmeralda.
- cor + de + substantivo
  vestidos cor-de-rosa, casacos cor de vinho.

Os **adjetivos pátrios** indicam origem, nacionalidade, naturalidade.
Exemplos: inglês, indiano, paranaense.

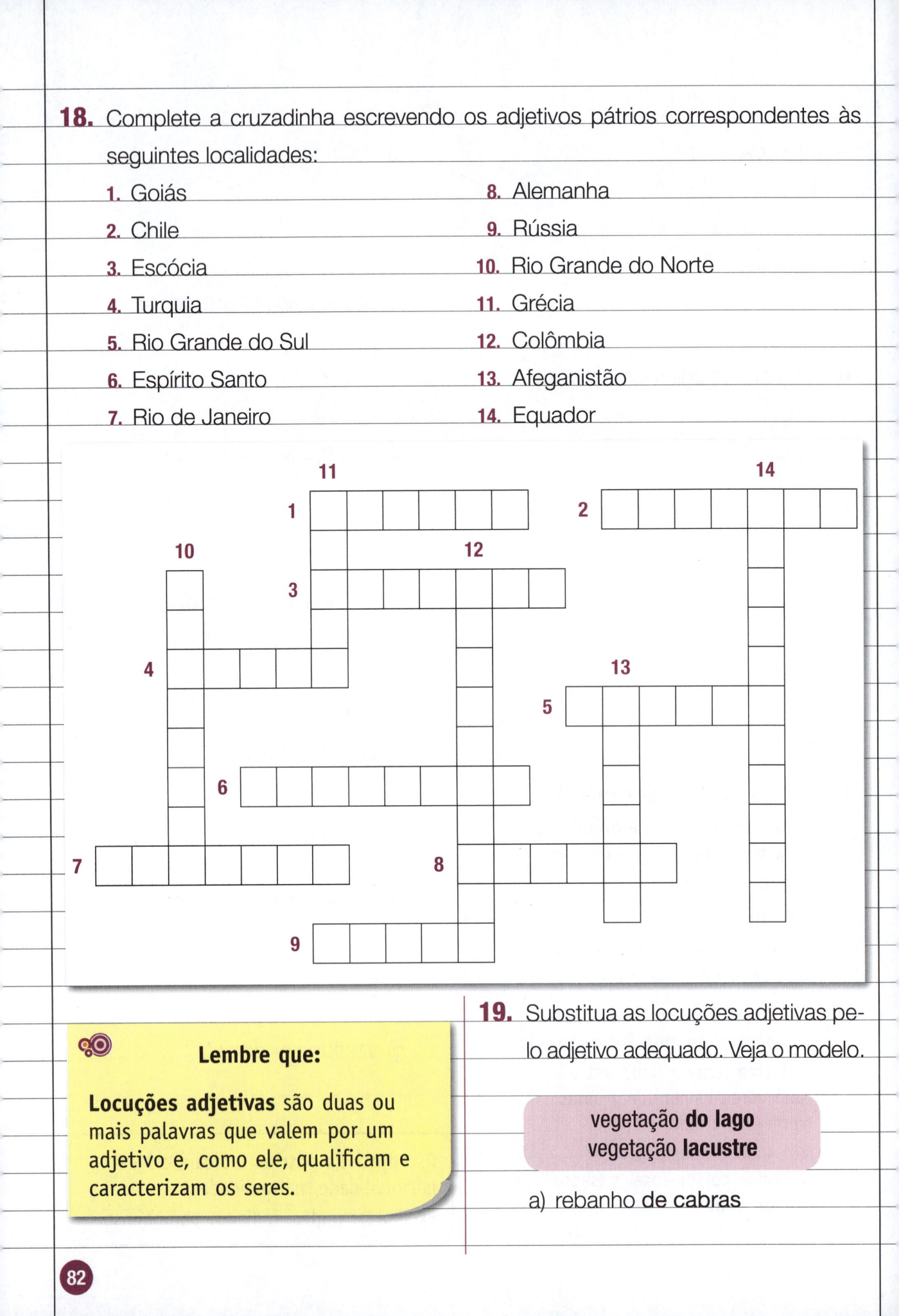

18. Complete a cruzadinha escrevendo os adjetivos pátrios correspondentes às seguintes localidades:

1. Goiás
2. Chile
3. Escócia
4. Turquia
5. Rio Grande do Sul
6. Espírito Santo
7. Rio de Janeiro
8. Alemanha
9. Rússia
10. Rio Grande do Norte
11. Grécia
12. Colômbia
13. Afeganistão
14. Equador

Lembre que:

Locuções adjetivas são duas ou mais palavras que valem por um adjetivo e, como ele, qualificam e caracterizam os seres.

19. Substitua as locuções adjetivas pelo adjetivo adequado. Veja o modelo.

vegetação **do lago**
vegetação **lacustre**

a) rebanho **de cabras**

b) águas **dos rios**

c) água **boa para beber**

d) pureza **de anjo**

e) prova **do mês**

f) guarda **da floresta**

g) rebanho **de ovelhas**

h) águas **das chuvas**

20. Observe o modelo e escreva as locuções adjetivas e os adjetivos.

> **Locução adjetiva** → homem **de coragem**
> **Adjetivo** → homem **corajoso**

a) População **que vive na cidade**

b) Rapaz **que tem valor**

c) Clima do **mês de outono**

21. Leia o poema com atenção e realize as atividades a seguir.

O VELEIRO E O VENTO

Vaga, vogando, vadio,
o veleiro a deslizar...
E o vento, vagabundo,
sopra a vela devagar...

E o veleiro vai e vem,
velejando, a se embalar...
E o vento, levemente,
leva a vela sobre o mar...

Voga o veleiro, entre as vagas,
vaga-vogando, a vagar...
E o vento leve, vadio,
vem vestido de luar!

Leva a vela o vento leve,
em suave velejar...
Veleja o veleiro verde
nas águas do verde mar!

Bárbara Vasconcelos de Carvalho. *A literatura infantil: visão histórica e crítica*. São Paulo: Global, 1985.

a) Escreva os adjetivos que estão caracterizando os substantivos.

substantivo	adjetivos
veleiro	vadio, verde

vento

mar

b) A seguir, transcrevemos o poema sem os adjetivos empregados pela autora. Preencha esses espaços com adjetivos de sua escolha.

Vaga, vogando,
(   )
o veleiro a deslizar...
E o vento, (   )
sopra a vela devagar...

E o veleiro vai e vem,
velejando, a se embalar...
E o vento, levemente,
leva a vela sobre o mar...

Voga o veleiro, entre as vagas,
vaga-vogando, a vagar...
E o vento (   )
vem vestido de luar!

Leva a vela o vento
(   )
em suave velejar...
Veleja o veleiro
(   )
nas águas do
(   ) mar!

ORTOGRAFIA – VAMOS ESCREVER CERTO?

1. Escreva os antônimos das palavras usando o prefixo **in-** (e suas variantes: **im-, ir-, i-**).

feliz	infeliz

a) consciente

b) legal

c) possível

d) potente

e) oportuno

f) próprio

g) sensível

h) real

i) legível

j) solúvel

k) responsável

l) repreensível

m) removível

n) provável

o) lógico

p) lícito

2. Agora faça o mesmo usando o prefixo **des-**.

animado   **desanimado**

a) amparado

b) conforto

c) confiança

d) encontro

e) honesto

f) honrado

g) humano

h) hidratado

i) habituado

j) igual

3. Observe os modelos e continue a atividade.

> Aquilo que não se pode descrever é **indescritível**.
> O que não se pode corrigir é **incorrigível**.
> O que não se consegue ler é **ilegível**.

a) O que não se consegue ver é

b) O que não se consegue tocar é

c) O que não se consegue tragar é

d) O que não se pode perdoar é

e) O que não é possível é

f) O que não é real é

g) O que não é realizável é

h) O que não é limitado é

PRÁTICA DE PRODUÇÃO DE TEXTO

> Os adjetivos **concordam** com os substantivos que acompanham em **gênero** (masculino / feminino) e **número** (singular / plural).

1. Atribua adjetivos aos substantivos das frases, observando as concordâncias.

a) Era uma mata

b) As flores estavam

c) Os rapazes pareciam

d) O chapéu era

2. Escreva adjetivos que caracterizem os substantivos relacionados a seguir.

a) um menino

b) um carro

c) Agora, descreva uma situação em que apareçam o menino e o carro.

13. Flexão dos adjetivos: grau comparativo e grau superlativo

1. Complete as legendas das figuras com os adjetivos correspondentes.

> altíssima – longuíssimo

O rio Amazonas é _____.

A torre Eiffel é _____.

2. Agora escreva os antônimos destas palavras:
a) longuíssimo
b) altíssima
c) paupérrimo

3. Você deve ter percebido o acento nesses superlativos. Por que são acentuados?

4. Faça o que se pede.
a) Cite o nome de uma pessoa que lhe seja amicíssima.

b) Cite duas coisas que você acha fragílimas.

c) Cite algo que você acha importantíssimo.

GRAU COMPARATIVO

Compara as qualidades dos seres.
O grau comparativo pode ser:
- **de igualdade**
  A bolha é **tão leve como** uma pluma.

- **de superioridade**
  A pedra é **mais dura que** a madeira.
- **de inferioridade**
  Mamãe é **menos paciente que** papai.

GRAU SUPERLATIVO

Expressa as qualidades dos seres num grau muito elevado ou num grau máximo. O grau superlativo pode ser:
- **absoluto**
  Bernardo é um pai **pacientíssimo**.
  Bernardo é um pai **muito** paciente.
- **relativo**
  Bernardo é **o mais paciente** dos pais.

5. Escreva o comparativo de igualdade dos grupos de palavras a seguir. Veja o modelo.

> ferro – útil – aço
> O ferro é **tão** útil **quanto** o aço.

a) palmeira – alto – pinheiro

b) os leões – ferozes – tigres

c) aquela flor – cheiroso – jasmim

6. Escreva o comparativo de superioridade dos grupos de palavras a seguir. Veja o modelo.

> pinheiro – alto – coqueiro
> O pinheiro é **mais** alto **que** (**do que**) o coqueiro.

a) saci – conhecido – curupira

b) bambus – flexíveis – eucaliptos

c) rio Amazonas – extenso – Tocantins

7. Escreva os comparativos de inferioridade dos grupos de palavras a seguir. Veja o modelo.

> rosa – delicado – violeta
> A rosa é **menos** delicada **que** (**do que**) a violeta.

a) girassol – perfumado – camélia

b) rubi – precioso – diamante

c) automóveis – veloz – aviões

Atenção:

- Não dizemos "mais grande"; devemos dizer **maior**.
- Não dizemos "mais pequeno"; devemos dizer **menor**.
- Não dizemos "mais bom"; devemos dizer **melhor**.
- Não dizemos "mais mau"; devemos dizer **pior**.

Para formar o **superlativo absoluto**, acrescentam-se ao adjetivo as terminações **-íssimo, -ílimo, -érrimo** ou as palavras **muito, bem, o mais** etc.
Esta pedra é **duríssima**.
Esta pedra é **muito dura**.
Esta pedra é **a mais dura** de todas.

8. Faça como no modelo.

carvalho – árvore – forte
O carvalho é uma árvore **muito forte**.
O carvalho é uma árvore **fortíssima**.
O carvalho é **a árvore mais forte** de todas.

a) curva – perigosa

b) homem – animal – inteligente

9. Escreva os adjetivos que originaram os superlativos seguintes.

a) seriíssimo
b) macérrimo, magríssimo
c) amaríssimo, amarguíssimo
d) finíssimo
e) habilíssimo
f) tenacíssimo
g) paupérrimo

10. Complete a cruzadinha com os superlativos das palavras seguintes.

1. agradável
2. fácil
3. veloz
4. popular
5. amigo
6. célebre
7. difícil
8. feliz
9. mísero

ORTOGRAFIA – VAMOS ESCREVER CERTO?

1. Os superlativos seguintes estão em sua forma popular. Escreva-os em sua forma erudita. Veja o modelo.

bom – ótimo   **boníssimo**

a) mau – péssimo

b) pequeno – mínimo

c) grande – máximo

d) pobre – pobríssimo

e) doce – docíssimo

f) antigo – antiguíssimo

g) amigo – amiguíssimo

h) amargo – amarguíssimo

i) alto – supremo, superior

2. Escreva os superlativos, observando a mudança de **z** para **c**. Veja o modelo.

veloz   **velocíssimo**

a) feliz
b) infeliz
c) atroz
d) feroz

3. Escreva os superlativos, observando a mudança de **v** para **b**. Veja o modelo.

agradável   **agradabilíssimo**

a) amável
b) sensível
c) terrível
d) horrível

PRÁTICA DE PRODUÇÃO DE TEXTO

Crie um diálogo entre um pai (ou uma mãe) e seu filho (ou sua filha) sobre o perigo do envolvimento com drogas.

Lembre que:

- Use **dois-pontos** e **travessão** nas falas dos personagens de sua narração.

- Os sinais de pontuação são: dois--pontos (:), travessão (–), ponto e vírgula (;), ponto de interrogação (?), ponto de exclamação (!), reticências (...) e ponto-final (.).

14. Numeral

uma bola

três bolas

Jorge ficou em **primeiro** lugar.

Eu cortei o limão ao **meio**.

Belo salto **triplo**!

O **numeral** acompanha o substantivo dando-lhe ideia de quantidade, ordem, multiplicação ou fração.

Os numerais podem ser:

- **cardinais** – quando indicam quantidade: um, sete, cem.
- **ordinais** – quando indicam ordem: primeiro, sétimo, centésimo.
- **multiplicativos** – quando indicam multiplicação: o dobro, o triplo.
- **fracionários** – quando indicam divisão: um meio, um terço, um quarto.

1. Sublinhe os numerais das frases e escreva-os na coluna a que pertencem.

> **Atenção:**
> **Metade** não é numeral. É um substantivo.

	cardinal	ordinal	fracionário	multiplicativo
a) No sétimo mês recebo um meio do décimo terceiro salário.				
b) Viajei por oitenta quilômetros.				
c) Chegamos em sexto lugar.				
d) Apenas um quinto das estradas está em bom estado.				
e) Esta é a quarta vez que você chega atrasado!				
f) Este carro de corrida é o dobro mais veloz que o seu.				
g) Três meninos dividiram o queijo em três partes. Eu fiquei com um terço.				
h) Trabalhou o triplo do combinado e só recebeu a metade.				

2. Escreva por extenso os seguintes valores em reais.

> **Lembre que:**
> Não se põe vírgula entre uma classe e outra na escrita por extenso dos numerais.

a) R$ 2.417,50

b) R$ 4.569,32

3. A quantos anos equivalem estes numerais?

a) decênio

b) quadriênio

c) século

d) milênio

e) quinquênio

f) sesquicentenário

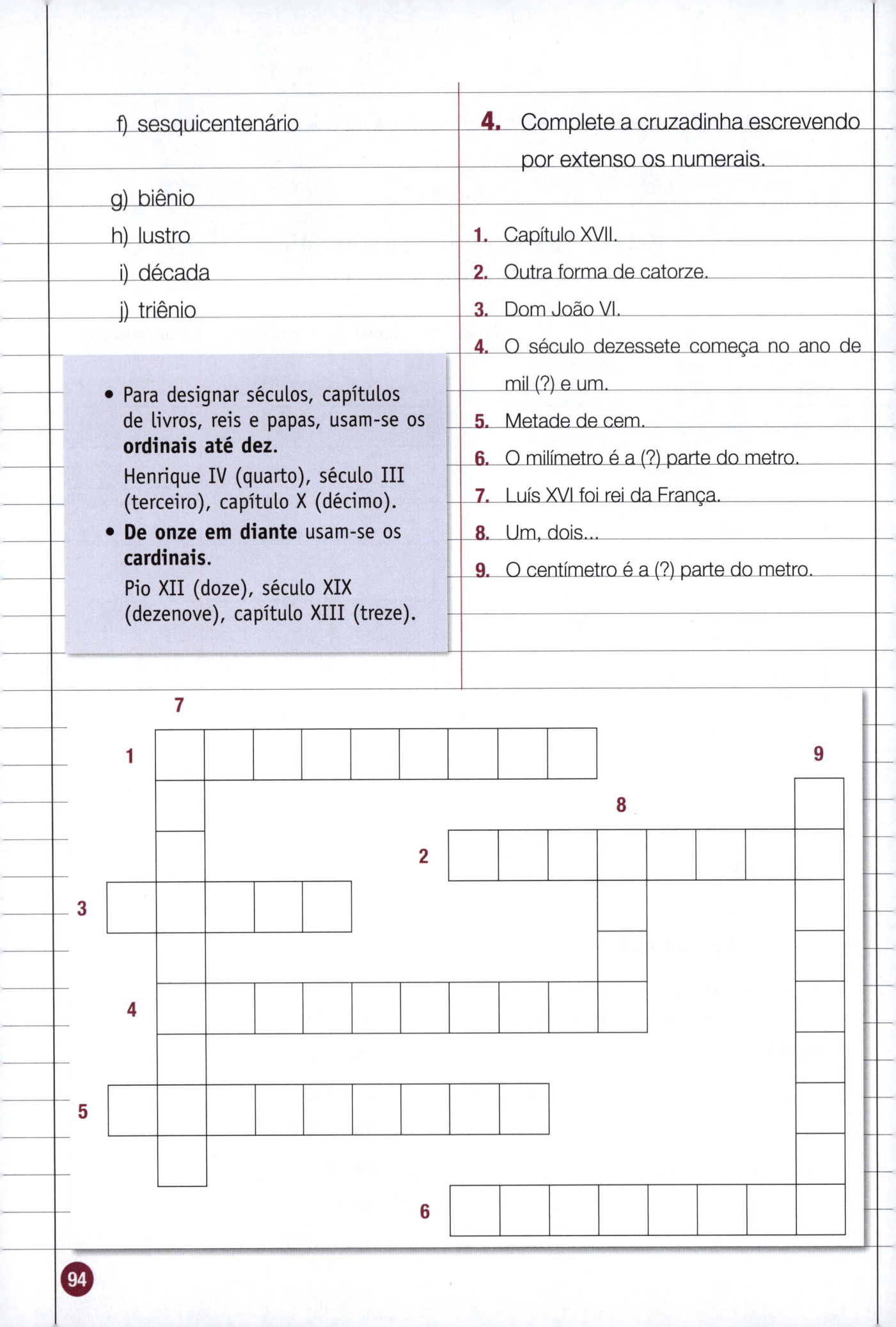

g) biênio

h) lustro

i) década

j) triênio

4. Complete a cruzadinha escrevendo por extenso os numerais.

1. Capítulo XVII.
2. Outra forma de catorze.
3. Dom João VI.
4. O século dezessete começa no ano de mil (?) e um.
5. Metade de cem.
6. O milímetro é a (?) parte do metro.
7. Luís XVI foi rei da França.
8. Um, dois...
9. O centímetro é a (?) parte do metro.

- Para designar séculos, capítulos de livros, reis e papas, usam-se os **ordinais até dez**.
  Henrique IV (quarto), século III (terceiro), capítulo X (décimo).
- **De onze em diante** usam-se os **cardinais**.
  Pio XII (doze), século XIX (dezenove), capítulo XIII (treze).

5. Sublinhe os numerais que aparecem na piada e escreva a resposta correta para a pergunta.

6. Copie as frases escrevendo os numerais por extenso.

a) As grandes navegações ocorreram no século XV.

b) Acabo de ler o capítulo X. Amanhã lerei o capítulo XI.

c) As aulas começam às 12h30.

7. Escreva os numerais por extenso e pluralize os substantivos.

> **Lembre que:**
> As palavras terminadas em **-zinho** e **-mente** não são acentuadas.

a) 16 (pastelzinho)

b) 600 (grama de ouro)

c) 3 (cafezinho)

d) 1 001 (razão)

8. Complete as frases, observando o modelo, e veja quais são os seis maiores países do mundo em superfície.

> A Rússia é o (1º) **primeiro** país do mundo em extensão.

a) O Canadá é o (2º)

b) A China é o (3º)

c) Os Estados Unidos são o (4º)

d) O Brasil é o (5º)

e) A Austrália é o (6º)

9. Leia com atenção os dados desta conta e responda às questões propostas.

a) Que produto o consumidor utilizou?

b) Quem é o fornecedor do produto?

c) Qual foi a data de leitura do medidor de água?

d) Qual é a data do vencimento da conta?

e) Qual é o total a pagar?

f) Escreva por extenso o total a pagar.

g) Se o cliente/usuário atrasar, o que será acrescido em sua conta?

Brincando com números

10. Você é um bom observador?

a) Quantos blocos há abaixo?

b) Que números formam a figura a seguir?

ANEDOTA

O professor chega à sala de aula e diz:

— Um, dois, três, venham ao "quatro" negro.

Um aluno responde:

— "Cinco" muito, mas eu não "seis".

Responde o mestre:

— Então "sete-se". Venha o "oitavo".

Resmunga o aluno:

— "Novemente"?

E o mestre:

— Ah... "dez" isto!

PRÁTICA DE PRODUÇÃO DE TEXTO

Quando pagamos uma conta, o recebedor nos dá um comprovante, que pode ser um **recibo** de pagamento.

Observe o recibo que José Lopes Vieira passou para Manuel dos Santos.

RECIBO	
Recebi de Manuel dos Santos	← nome do pagador
a importância de R$ 1.000,00 (mil reais) x.x.x.x.x.x.x.x.x.x.x.x.x.x.x x.x.x.x.x.x.x.x.x.x.x.x.x.x.x.x.x.x.x.x.x.x.x.x.x.x.x.x.x.x.x.x.x.x.x.x.x.x.x.x.x.x.x	← importância paga em algarismo e por extenso
referentes à primeira parcela da venda de um carro Joli, ano 2000	← motivo do pagamento efetuado
Recife, 18 de maio de 2012.	← local e data
José Lopes Vieira	← nome e assinatura de quem recebeu a importância
José Lopes Vieira – RG 34.555.666-02	

1. Preencha o recibo que um vendedor passou a seu cliente (Aldo Sé), no valor de R$ 100,00, pelo aluguel de um terno. O estabelecimento comercial fica em Manaus e o aluguel foi feito em 30 de janeiro de 2013.

Recibo
Recebi de _____ ← nome do pagador
a importância de R$ _____ ← importância paga em algarismo e por extenso
(_____),
referentes _____ ← motivo do pagamento efetuado
_____, ____ de _____ de 20___. ← local e data
_____ ← assinatura do recebedor

2. Agora, preencha o recibo a seguir com os seguintes dados: Raimundo Pereira dá um recibo de R$ 2.000,00 a João Cardoso, importância proveniente do aluguel de uma casa na Rua do Arbusto, 77, Jardim dos Sonhos, São Santinho – SS, em 5 de fevereiro de 2013.

Recibo
Recebi de _____
a importância de _____
_____
referentes _____
_____
_____, ____ de _____ de 20___.
_____

15. Pronomes – I

©2001 – Bayer S.A. todos os direitos reservados. A revista *Pingo* é uma publicação da Bayer S.A.

TIPOS DE PRONOME
- pessoais (caso reto, caso oblíquo, de tratamento)
- possessivos
- demonstrativos
- indefinidos
- interrogativos
- relativos
- **pronomes do caso reto:** eu, tu, ele/ela/você, nós, vós, eles/elas/vocês

1. No texto que alerta sobre o risco das zoonoses, que palavra indica **posse**, ou seja, indica de quem é a família?

2. No mesmo texto, que palavras foram usadas para substituir **zoonoses**, isto é, para não repeti-la?

3. Substitua as palavras destacadas por pronomes. Veja o modelo.

Erico Verissimo é um escritor.
↓
Ele é um escritor.

a) **Os homens** lutam pelo dinheiro.

b) **Eu e Manuel** jogamos bola.

c) **Você e seu amigo** foram passear.

d) **Os pedreiros** levantaram o muro.

Pronomes são palavras que substituem ou acompanham os nomes (substantivos).

Conheça a zoonose para evitá-**la**.
↓
-la = a zoonose

Saúde de **sua** família.
↓
sua = de você. (**Sua** substitui o nome da pessoa que tem a família.)
↳ **sua** família = a família de

e) **Eu e Juca** assistimos ao filme.

f) **Eliane e Beto** são artistas.

g) **Você e seu irmão** são corajosos.

h) **Eu, mamãe e meu irmão** fomos ao supermercado.

4. Reescreva as falas dos juízes, eliminando o pronome que não prejudica o sentido delas.

Eu apitei um pênalti! E você?

Eu deixei de apitar um pênalti!

5. Ligue corretamente à coluna central.

2ª pessoa	eu – nós	pessoa com quem se fala
1ª pessoa	tu – vós	pessoa de quem se fala
3ª pessoa	ele – eles	pessoa que fala

6. Sublinhe os pronomes das frases e faça um X na coluna correta.

	PESSOAS				
	1ª	2ª	3ª	SINGULAR	PLURAL
a) Quem tu pensas que és?					
b) Nós sabemos de tudo.					
c) Elas são nossas amigas					
d) Eu penso que não há nada entre Maria e João.					
e) Vós sois responsáveis pelos vossos atos.					
f) Eles conseguiram o que queriam					
g) Preste atenção no que ela diz.					
h) Eu sei que tu perdeste tudo.					

PRONOMES DO CASO OBLÍQUO

me, mim, comigo se, si, consigo	te, ti, contigo o, a, lhe
nos, conosco se, si, consigo	vos, convosco os, as, lhes

- Associados a verbos terminados em **-r**, **-s** ou **-z**, os pronomes pessoais oblíquos **o, a, os, as** assumem as formas **lo, la, los, las**.

  Não consigo enxergá-**lo**.
  (enxergar ele = enxerga**r** o)

  Vou convidá-**la**.
  (convidar ela = convida**r** a)

  Convidamo-**lo** para a festa.
  (convidamos ele = convidamo**s** o)

- Associados a verbos terminados em ditongo nasal (**-am**, **-em**, **-ão**, **-õe**), os ditos pronomes tomam as formas **no, na, nos, nas**.

  Levaram-**na** para casa.
  (levaram ela = levar**am** a)

  Põe-**no** (o presente) sobre a mesa.
  (põem ele = põ**em** o)

7. Junte corretamente os pronomes pessoais oblíquos aos verbos. Veja o modelo.

> Vou chamar (o, ele).
> Vou chamá-**lo**.

a) Queria conhecer (a, ela).

b) Levem (o, ele) para casa.

c) Convidaram (a, ela) para a festa.

d) Seguimos (as, elas) até a rodoviária.

e) Vimos (os, eles) jogando basquete.

f) A presença do palhaço vai animar (elas).

g) Levaram (ela) para casa.

8. Complete as frases com os pronomes pessoais oblíquos do quadro.

> me – se – lhe – conosco – contigo
> mim – a

a) Eles se esqueceram de _____.

b) Você não _____ lembra de _____?

c) Como você _____ chama? Eu _____ chamo Jorge.

d) Posso _____ enviar o documento pelo correio.

e) Amanhã vamos ao teatro. Quer vir _____?

f) Tem encontrado sua prima? Não _____ vejo desde o ano passado.

g) João, há alguém que deseja falar _____ ao telefone.

9. Substitua o substantivo destacado pelo pronome oblíquo correspondente, como no modelo.

> Vamos conquistar **o mundo**.
> Vamos conquistá-**lo**.

a) Vamos dizer **a verdade**.

b) Precisa realizar **a obra**.

c) Precisamos respeitar **o próximo**.

d) Pretendiam comprar **a bicicleta**.

e) Vou conhecer **Brasília**.

10. Substitua os nomes por pronomes. Veja o exemplo.

> Eu ofereço flores **a Maria**.
> Eu ofereço flores **a ela**.
> Eu **lhe** ofereço flores.

a) Nós oferecemos flores **às moças**.
Nós oferecemos flores _____.
Nós _____ oferecemos flores.

b) Eles deram um presente **à mãe**.
Eles deram um presente _____.
Eles _____ deram um presente.

c) Nós dizemos a verdade **aos amigos**.
Nós dizemos a verdade _____.
Nós _____ dizemos a verdade.

d) A guria obedece **ao pai**.
A guria obedece _____.
A guria _____ obedece.

11. Observe o modelo e continue empregando os pronomes retos e oblíquos.

> Eu me esqueço

Tu
Ele
Nós
Vós
Eles

Eu me atiro na piscina.

f) Vou ao cinema. Quer ir   ?

g) Vais ao jogo? Posso ir   ?

h) Vou à feira. Venha   .

i) Vós pensais assim e eu concordo   .

Pronomes oblíquos reflexivos são aqueles que se referem ao sujeito da oração.
Paulo feriu-**se**. Maria só pensa em **si**. Ela trouxe as chaves **consigo**.

13. Complete as frases com os pronomes oblíquos que faltam.

a) Eu levo meus pertences comigo e ele leva os dele   .

12. Complete as frases com os pronomes oblíquos do quadro.

comigo – contigo – consigo
conosco – convosco

b) Eu me esqueço, tu   esqueces.

c) Disse a ele a verdade, isto é, disse-   a verdade.

a) Trago os documentos   .

b) Trazes os documentos   .

d) Ela vai em nossa companhia, isto é, ela vai   .

c) Você deve trazer os documentos   .

e) Eles vão em tua companhia, isto é, eles vão   .

d) Sempre trazemos os documentos   .

f) Venham fazer o trabalho, isto é, venham fazê-   .

e) Trazeis os documentos sempre.

g) Eu me despeço, tu te despedes, ele   despede.

Pronomes de tratamento são aqueles que se usam no trato com as pessoas.

Você (v.): tratamento familiar e informal.

Senhor (Sr.), **senhora** (Sr^{a}): tratamento de respeito.

Senhorita (Sr^{ta}): para moças solteiras.

Vossa Senhoria (V. S^{a}): usado principalmente na correspondência comercial.

Vossa Excelência (V. Exª): para altas autoridades.

Vossa Reverendíssima (V. Rev^{ma}): para sacerdotes.

Vossa Eminência (V. Em^{a}): para cardeais.

Vossa Santidade (V. S.): para o papa.

Vossa Majestade (V. M.): para reis e rainhas.

Vossa Majestade Imperial (V. M. I.): para imperadores.

Vossa Alteza (V. A.): para príncipes, princesas e duques.

Meritíssimo: para juízes.

14. Escreva os pronomes de tratamento que se referem a:

a) sacerdotes, padres, pastores:

b) pessoas do mesmo nível que você no tratamento familiar:

c) moças solteiras:

d) príncipes, princesas, duques:

e) juízes:

f) reis, rainhas:

g) altas autoridades:

h) correspondência comercial:

i) papas:

j) pessoas de mais idade que você, do sexo masculino – tratamento de respeito:

15. Observe as figuras e preencha os balões com os pronomes de tratamento adequados.

quer empinar pipa comigo?

O _____ absolveu o réu!

O _____ sabe onde fica a Praça da Árvore?

Pronomes possessivos são aqueles que indicam posse. São eles:
- **meu, minha, meus, minhas**
- **teu, tua, teus, tuas**
- **seu, sua, seus, suas**
- **nosso, nossa, nossos, nossas**
- **vosso, vossa, vossos, vossas**

<u>Minha</u> casa é pequena, e a <u>**tua**</u>?

↑ pronome adjetivo possessivo (Acompanha o nome.)

↑ pronome substantivo possessivo (Substitui o nome.)

---

16. Substitua as palavras ou expressões destacadas por pronomes possessivos, fazendo as adaptações necessárias. Veja os modelos.

> Este carro **me** pertence.
> Este carro é meu.
> A chácara de **Paulo** e **José** é grande.
> Sua chácara é grande
> (A chácara deles é grande.)

a) A bola é **minha e tua**.

b) O cavalo **que me pertence** é branco.

c) Aquele rádio **vos pertence**?

d) Desapropriaram a chácara **de Paulo e José**.

e) Consertaram-**lhe** o carro.

f) Rasgaram-**me** a revista.

g) Pediram-**te** a opinião.

h) Pediram-**me** o lápis emprestado.

17. Escreva no feminino plural. Veja o modelo.

> Este boi é do meu tio.
> **Estas vacas são das minhas tias.**

a) O ator é meu amigo.

b) O doutor curou meu irmão.

c) Este cavalheiro cedeu seu lugar.

d) Nosso imperador protegia nossos poetas.

SEU OU DELE? EVITE AMBIGUIDADES!

O médico disse que comprou **sua** casa. (Casa **do médico** ou **daquele** com quem se está falando?)

Muitas vezes, os pronomes **seu, seus, sua, suas** deixam dúvidas sobre quem é o possuidor, gerando, assim, ambiguidade. Nesses casos, os pronomes devem ser substituídos pelas expressões **dele, dela, deles, delas**, para deixar claro quem possui o quê.

18. Substitua os pronomes **seu, sua, seus, suas** pelas expressões **dele, dela, deles, delas**.

> Os seus planos ainda estavam de pé.
> (os planos dos empresários)
> Os planos deles ainda estavam de pé.

a) As suas compras ficaram mais caras neste mês. (as compras das donas de casa)

b) A sua encomenda deve chegar amanhã. (a encomenda do dono da loja)

c) A sua viagem foi adiada. (a viagem da professora)

ORTOGRAFIA – VAMOS ESCREVER CERTO?

Observe a diferença de escrita e de significado das palavras a seguir.
Sob = embaixo:
O barco passou **sob** a ponte.
Sobre = em cima, a respeito de:
O avião fez um voo **sobre** a cidade.
Falei com meu pai **sobre** a prova.
Mas = indica oposição:
Estudou, **mas** não aprendeu.
Más = feminino de maus:
As **más** ações são sempre condenáveis.
Mais = indica quantidade, aumento:
Comprei **mais** livros.

1. Preencha as lacunas com **mais, mas** ou **más**.

a) Eu não aguento _____ esse barulho.
b) _____ antes que ela explicasse a campainha tocou.
c) Ela sabia de tudo, _____ nada disse.
d) Ela é muito bonita, _____ muito convencida.
e) Os comerciantes só pensam em vender _____ e _____ suas mercadorias.
f) Agia com _____ intenções.
g) Só quero aquilo que me pertence: nem _____ nem menos.
h) Não há _____ o que fazer. Vamos embora.
i) Não é só bonita, _____ também inteligente e educada.
j) Era feriado, _____ resolveu acordar cedo.

k) Ele queria ter _____ tempo para o lazer.

l) Neste restaurante come-se bem, _____ a comida é muito cara que nos outros.

2. Complete as frases com as palavras seguintes.

> **por** (preposição) _____ **pôr** (verbo)
> **trás** (preposição) _____ **traz** (verbo)
> **sob/sobre** (preposição)

a) Os golfinhos vivem _____ as águas azuis do mar.

b) Já leu alguma coisa _____ pesca marítima?

c) Passe _____ aqui, a fim de _____ a conversa em dia.

d) O bandido saiu de _____ do armazém.

e) Este momento me _____ boas lembranças.

f) Siga _____ este caminho e você chegará lá.

g) Antes de sair, você deve _____ as coisas no devido lugar.

3. Agora, construa duas frases com as palavras **trás** e **traz**.

> **Mal** é:
> - **substantivo**, quando vier acompanhado de artigo.
> O **mal** se opõe ao **bem**.
> Essa doença é um **mal** incurável.
> - **advérbio**, quando acompanhar um verbo ou um adjetivo.
> Ele ouve **mal**.
> Este menino é **mal**-educado.
>
> **Mau** é adjetivo, pois qualifica o substantivo. **Mau** opõe-se a **bom**.
> O caçador é **bom**; o lobo é **mau**.
> O feminino de **mau** é **má**.

4. Agora, preencha as lacunas com **mal**, **mau** ou **má**.

a) Acabei de fazer um _____ negócio.

b) O _____ aluno sempre apresenta alguma desculpa.

c) Adquiriu _____ fama por não pagar devidamente seus funcionários.

d) Minha prima está passando _____.

e) Foi despedido porque era um _____ funcionário.

f) Tinha o costume de empurrar os colegas na saída da escola.

g) Não devemos praticar o _____.

h) Os fumantes não sabem o _____ que o cigarro causa!

i) Não há _____ que sempre dure, nem bem que nunca acabe.

> Professora?
> Sim, Paulinho. O que foi?
> Alguém pode ser castigado pelo que não fez?
> Evidentemente que não. Por quê?
> É... É porque eu não fiz os deveres de casa.

PRÁTICA DE PRODUÇÃO DE TEXTO

Primeira sugestão

Nos diálogos, as falas dos personagens são introduzidas por travessão. Reescreva a anedota a seguir e coloque os travessões onde for necessário.

> Paulinho empinou pipa a tarde toda e se esqueceu de fazer a lição. Na sala de aula saiu-se com esta:

Segunda sugestão

Agora redija.

a) Descreva um telefonema entre dois amigos ou amigas. Um deles acabou de chegar de viagem.
Use o tratamento **você** ou **eu** e os verbos nas devidas concordâncias.

b) Descreva o telefonema de um cliente para uma loja reclamando de um produto ou de uma compra.
O cliente trata o dono da loja de **senhor** e o lojista trata o reclamante de **você**.

c) Descreva um telefonema entre duas amigas ou amigos que vão ao aniversário de um colega. Use o pronome de tratamento **você**.

16. Pronomes – II

(Balões de fala na ilustração:)
- **Este** é o jornal do clube.
- E **essa** revista aí? É de esportes?
- Não, **esta** é de passatempos. A de esportes é **aquela** lá.

Pronomes demonstrativos são aqueles que servem para mostrar algo perto ou longe da pessoa que está falando.

São pronomes demonstrativos:
- **este, esta, estes, estas**
- **esse, essa, esses, essas**
- **aquele, aquela, aqueles, aquelas**
- **isso, isto, aquilo**

O, a, os, as são pronomes demonstrativos quando puderem ser substituídos, na frase, por **este(a), estes(as), esse(a), esses(as), isto, isso, aquele(a), aqueles(as), aquilo**.

Este indica que o jornal está **perto** da pessoa **que fala**.

Essa indica que a revista está **perto** da pessoa com **quem se fala**.

Aquela indica que a revista de esportes está **distante** das pessoas **que se falam**.

1. Assinale os pronomes demonstrativos destas frases.

a) Estas meninas são as que compareceram à festa ontem.

b) Ninguém sabe o que aconteceu com ele.

c) Não digas isso!

d) Na foto há três meninas: a do meio é minha filha.

e) São poucos os que sabem isto.

f) Ela voltou ontem. Não o sabias?

2. Reescreva as frases substituindo o pronome demonstrativo isto por o. Veja o modelo.

O jogo ia ser um desastre. Todos pressentiam **isto**.
O jogo ia ser um desastre. Todos **o** pressentiam.

111

a) Ia dar-lhe um tapa, mas não fiz **isto**.

b) Ninguém teve coragem de acusá-lo antes que ela fizesse **isso**.

b) _____ vezes o Brasil foi campeão.

c) É muito fácil. _____ um pode fazer isto.

Pronomes indefinidos são os que apresentam ideia vaga, imprecisa dos seres.

São pronomes indefinidos:
- **alguém, algum, algo**
- **ninguém, nenhum**
- **mais, menos**
- **muito, muita, muitos, muitas**
- **pouco, pouca, poucos, poucas**
- **diversos, diversas**
- **vários, várias**
- **qualquer, quaisquer**
- **outro, outra, outros, outras**
- **todo, toda, todos, todas**
- **tudo, nada**

> Algum defeito mecânico fez com que vários pilotos desistissem da corrida.

4. Que palavra (pronome) indica que não se sabe qual é o defeito mecânico?

5. Que palavra indica que não se sabe ou não se quer dizer os nomes dos pilotos que desistiram da prova?

3. Encaixe os seguintes pronomes indefinidos em seus devidos lugares.

alguém – qualquer – muitas

6. Complete as frases com os pronomes indefinidos em destaque.

diversos – menos – tudo – muito
todos – alguém – mais – algum

a) Vá ver. _____ está batendo à porta.

a) _____ dia, menos dia, você ficará sabendo de tudo.

b) A bola deve estar escondida em _____ lugar.

c) Tenha _____ juízo, recomendava a mãe à filha.

d) Quem fez o percurso em _____ tempo venceu a corrida.

e) O Brasil exporta _____ produtos: café, cacau, milho, soja etc.

f) Quem tudo quer _____ perde.

g) _____ pegou minha revista.

h) Estão _____ convidados para minha festa.

> **Pronomes interrogativos** são os que aparecem em frases interrogativas.
> **Que** dia é hoje?
> **Quantos** irmãos você tem?
> São pronomes interrogativos:
> - **que, quem**
> - **qual, quais**
> - **quanto, quanta, quantos, quantas**

7. Sublinhe os pronomes da piada.

Falta um

Professor: Ronaldo, me dê três pronomes.

Estudante: Quem? Eu?

Professor (após esperar alguns segundos): Vamos, Ronaldo, ainda está faltando um pronome!

Ronaldo: Qual?

Professor: Muito bem, você acertou!

8. Invente duas frases com pronomes interrogativos.

> **Pronomes relativos** são palavras que se relacionam a nomes já citados.
> José pagou o valor a Pedro, a **quem** devia.
> São pronomes relativos: **quem**, **que**, **qual**, **quanto**, **cujo**, **onde**.

9. Una as frases em um período, por meio do pronome relativo. Observe o modelo.

> Tenho uma casa. **A casa** vai vagar.
> Tenho uma casa **que** vai vagar.

a) É uma rua antiga. A rua vai dar numa praça.

b) Comprei um boneco de barro. O boneco veio do Nordeste.

c) Visitei um amigo. Este amigo eu não via há muito tempo.

d) Visitei a escola. Você estudava nela.

e) O bairro é perigoso. Você vai passar nele.

f) Tenho um carro antigo. Já me ofereceram muito dinheiro por ele.

g) Na esquina havia um guarda. Pedi informações a ele.

h) Na escola houve uma festa. Nessa festa participamos de várias brincadeiras.

10. Siga o código e identifique as palavras destacadas.

A	artigo
P	preposição
PP	pronome pessoal
PD	pronome demonstrativo

a) Procurei minha carteira, mas não **a** encontrei. (   )

b) Abra **a** porta devagar, sem fazer barulho. (   )

c) – Qual destas bolas você prefere?
– Eu prefiro **a** que está entre a azul e a verde. (   )

d) Foi **a** cavalo e voltou a pé. (   )

e) Não **os** vejo desde ontem. (   )

11. Relacione os tipos de pronome de acordo com os pronomes destacados nas frases.

1. indefinido
2. possessivo
3. pessoal
4. demonstrativo
5. interrogativo
6. relativo

( ) **Sua** mãe está em casa?
( ) **Isso** não se faz.
( ) **Quem** é você?
( ) Cão **que** late não morde.
( ) **Alguém** perdeu os documentos na rua.
( ) Visitei a cidade **onde** você nasceu.
( ) Os colegas **a** olhavam curiosos.

12. Complete as frases com pronomes pessoais oblíquos.

a) Ela não respondeu à pergunta que _____ fiz.
b) Se você está doente, é preciso tratar-_____.
c) Tu não _____ enxergas?
d) Ana está em dificuldade. Ajude-mo-_____.
e) Nós _____ entendemos muito bem.

PRÁTICA DE PRODUÇÃO DE TEXTO

Tema livre.

17. Verbo

1. Há três palavras na placa que exprimem uma ordem. Quais são?

2. Que palavra do cartaz designa que se deve preservar o parque?

3. Que palavra indica o uso de recipientes próprios para lixo?

4. Identifique a expressão que contém uma proibição.

Verbo é uma palavra que exprime ação, estado, fato ou fenômeno.
O pássaro **voa**.
Eu **estou** feliz.
Chove torrencialmente.

5. Leia o texto e, depois, responda à questão.

QUEM É UM BOM CICLISTA?

1ª) O bom ciclista obedece à sinalização.
2ª) Controla a velocidade.
3ª) Anda sempre à direita, perto do meio-fio.
4ª) Dá sinal quando vai virar ou parar.
5ª) Verifica os freios.
6ª) Nunca se segura atrás de ônibus ou outros carros.
7ª) Não faz malabarismos no trânsito.
8ª) Respeita os pedestres.
9ª) Não usa a bicicleta para assustar os amigos.
10ª) Sempre usa o capacete para a proteção da cabeça.

Rosana Frerichs. *Stop: o herói sinal verde*. São Paulo: FTD, 1999.

• Escreva os verbos que indicam as ações recomendadas ao ciclista.

Os verbos de **primeira** conjugação terminam em **-ar**.
Os verbos de **segunda** conjugação terminam em **-er**.

6. Escreva os verbos do texto com suas terminações em **-ar** e **-er**.

> **Atenção:**
>
> Para fazer os exercícios, você pode consultar a tabela de verbos no final deste caderno.

O verbo é o grupo de palavras que mais varia. Ele se flexiona em: **tempo**, **modo**, **número**, **pessoa** e **voz**.

O verbo tem três **modos**: **indicativo**, **subjuntivo** e **imperativo**.

Os **modos verbais** indicam as diferentes maneiras de um fato se realizar.

1. O **indicativo** exprime um fato certo.
   Ele **encontrou** o pai.
   Ela **viaja** sempre.

2. O **imperativo** exprime ordem, proibição, conselho, pedido.
   Retire-se!
   Não **volte** tarde.

3. O **subjuntivo** enuncia um fato hipotético, duvidoso.
   Talvez ele não **viaje**.

O verbo no modo indicativo tem três tempos: **presente**, **pretérito** (passado) e **futuro**.

1. No **presente** a ação está acontecendo.
   Eu **levanto** cedo.

2. No **pretérito** a ação já aconteceu.
   O pretérito pode ser:
   - **perfeito** – Eu **levantei** cedo.
   - **imperfeito** – Eu **levantava** cedo.
   - **mais-que-perfeito** – Eu **levantara** cedo.

3. No **futuro** a ação vai acontecer.
   O futuro pode ser:
   - **do presente** – Eu **levantarei** cedo.
   - **do pretérito** – Eu **levantaria** cedo.

7. Mude os tempos dos verbos de acordo com as indicações.

a) O circo **chegou** à cidade!
   (futuro do presente)

b) A plateia **vaiava** o mágico.
   (presente)

c) Chico **era** mais engraçado.
   (presente)

d) A planta **cresce** bonita.
   (pretérito perfeito)

e) As crianças **nascem** sadias.
   (futuro do presente)

f) Os artistas **descerão** do palco.
   (pretérito perfeito)

8. Escreva as frases **imperativas** (afirmativas ou negativas), de acordo com os sinais de trânsito. Veja o modelo.

seguir
Siga em frente ou à direita.

retornar

buzinar

virar

andar

seguir

estacionar

virar

9. Passe o verbo do modo indicativo para o presente e o pretérito imperfeito do subjuntivo. Veja o modelo.

Eu **janto** em casa hoje.
Talvez eu **jante** em casa hoje.
Se eu **jantasse** em casa hoje...

a) A chuva parou.

b) Eles me ensinam.

c) As crianças se lembram do circo.

d) Paulo recebe o aviso.

10. Crie as frases no modo imperativo que indiquem:
a) ordem.

b) conselho.

c) proibição.

d) pedido.

> Os verbos no **infinitivo** podem ter as seguintes terminações:
> **-ar, -er, -ir, -or**.
> - Os que terminam em **-ar** fazem parte da **1ª conjugação**.
> - Os que terminam em **-er** fazem parte da **2ª conjugação**. Também o verbo **pôr** (antigamente **poer**) e seus compostos (depor, repor, antepor, compor etc.) pertencem à 2ª conjugação.
> - Os que terminam em **-ir** fazem parte da **3ª conjugação**.

11. Cite cinco verbos que pertençam à:

a) 1ª conjugação

b) 2ª conjugação

c) 3ª conjugação

12. Observe bem o mapa do tempo no Brasil e responda às questões.

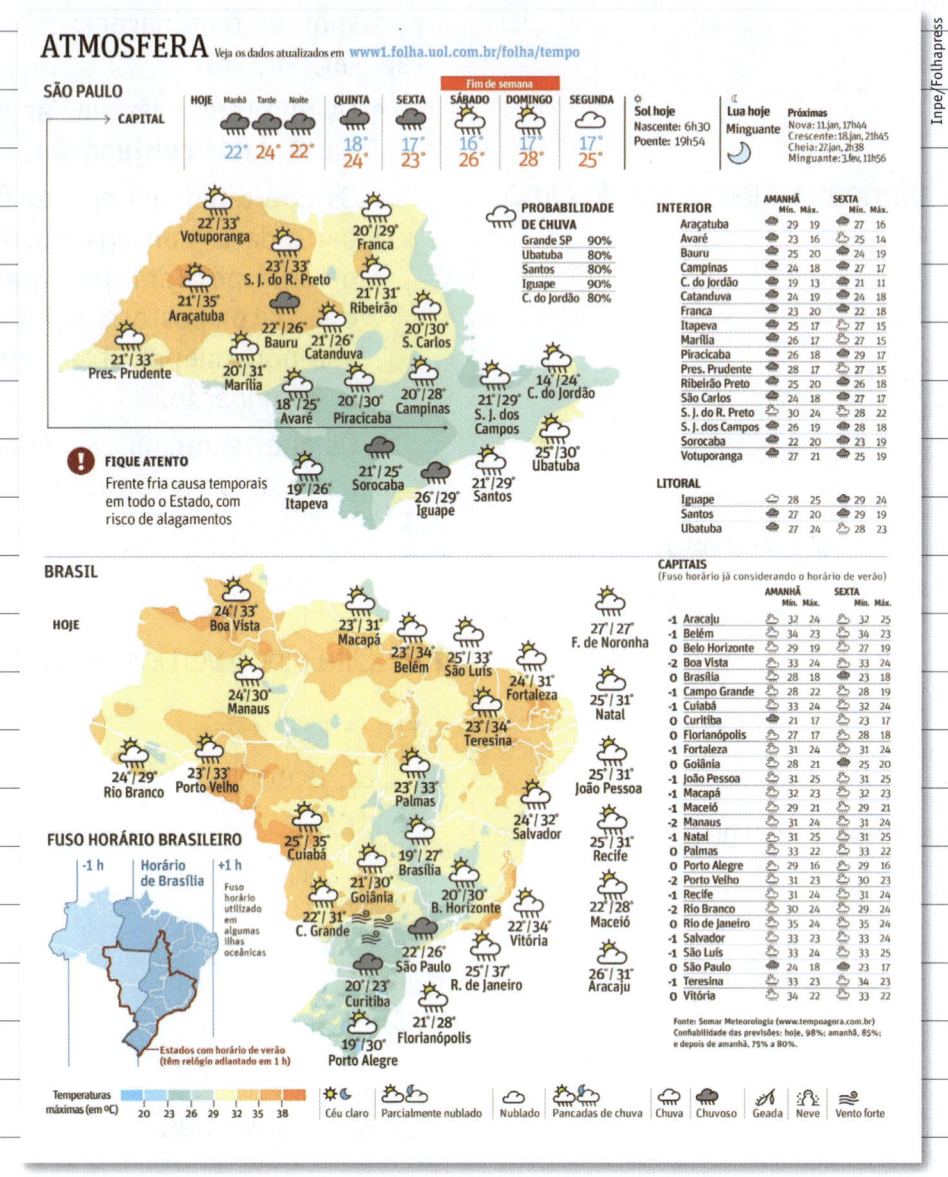

Folha de S.Paulo, 9 jan. 2013.

a) A palavra hoje no título se refere a qual dia, mês e ano?

b) Como o texto e os dados do mapa se referem a fatos passados, reescreva no passado o texto do "Fique atento".

c) Escreva o nome do seu estado, sua capital e a temperatura daquele dia, de acordo com o mapa.

13. Escreva se é um verbo de **ação**, **estado** ou **fenômeno da natureza**. Veja o modelo.

> **Relampejou** durante todo o dia.
> fenômeno da natureza

a) Ela estava muito contente.

b) O palhaço divertia o público.

c) Choverá muito no sábado.

d) Ventava muito.

e) As crianças corriam.

f) Ele era desconfiado.

O verbo se flexiona em **número** (singular e plural) e **pessoa** (1ª, 2ª, 3ª).

	singular	plural
1ª pessoa	eu corro	nós corremos
2ª pessoa	tu corres	vós correis
3ª pessoa	ele corre	eles correm

14. Escreva as frases no plural.

a) Fiz o que lhe prometera.

b) O vento soprava forte.

c) Prometi que eu o ajudaria.

d) Assistirei ao embarque.

15. Indique a pessoa verbal e o número dos verbos destacados.

a) João não **obteve** resposta.

b) Tu não **sabes** o que **aconteceu**?

c) Eu **sou** teu amigo.

d) Eles se **mantiveram** calmos.

e) Vós **sois** o futuro do país.

f) Nós **sairemos** cedo.

Quanto à **voz**, os verbos se classificam em:
- **ativos** – Maria **colheu** as jabuticabas.
- **passivos** – As jabuticabas **foram colhidas** por Maria.
- **reflexivos** – O rapaz **machucou-se** levemente.

O sujeito da **voz reflexiva** pratica a ação e recebe o resultado dessa ação.

16. Passe as frases da voz ativa para a voz passiva.

O prefeito **inaugurou** uma nova escola.
Uma nova escola **foi inaugurada** pelo prefeito.

a) Gutenberg inventou a imprensa.

b) Ventos fortes arrancaram as árvores.

c) Eles resolverão esses problemas.

d) O mensageiro entregaria a encomenda.

17. Assinale a alternativa em que há verbo reflexivo.

( ) O goleiro defendeu o chute.
( ) O goleiro feriu-se.
( ) O goleiro saltou mais alto que o atacante.

Verbos auxiliares são os que se juntam a outros verbos para formar a voz passiva, os tempos compostos e as locuções verbais.
- **Era** conhecido por todos.
- Ela **havia** indicado você.
- Raul **estava** lendo o jornal.
- Ele **vai** pedir auxílio.
- **Começou** a chover.

18. Complete as frases flexionando corretamente os verbos auxiliares entre parênteses.

a) É possível que eles _____ viajando.
(estar – presente do subjuntivo)

b) Algumas barreiras _____ desabado.
(haver – pretérito imperfeito do indicativo)

c) Até aquele momento ele se _____ calado.
(manter – pretérito perfeito do indicativo)

d) Ele _____ tido como pessoa de bem.
(ser – pretérito imperfeito do indicativo)

e) Até agora eles _____ sido muito bons para mim.
(ter – presente do indicativo)

f) O Brasil _____ exportado muita soja para países asiáticos.
(ter – presente do indicativo)

> **FORMAÇÃO DO IMPERATIVO**
> - O **imperativo afirmativo** das 2ᵃˢ pessoas do singular e do plural (**tu** e **vós**) vem do presente do indicativo, mediante a supressão do **s** final. As demais pessoas provêm do subjuntivo, sem nenhuma alteração.
> - O **imperativo negativo** tem as mesmas formas verbais do presente do **subjuntivo**.

PESSOAS	PRESENTE DO INDICATIVO	IMPERATIVO AFIRMATIVO	PRESENTE DO SUBJUNTIVO	IMPERATIVO NEGATIVO
tu	falas →	fala (tu)	fales →	não fales (tu)
você		fale (você)	← fale →	não fale (você)
nós		falemos (nós)	← falemos →	não falemos (nós)
vós	falais →	falai (vós)	faleis →	não faleis (vós)
vocês		falem (vocês)	← falem →	não falem (vocês)

19. Escreva o imperativo afirmativo e negativo do verbo **trabalhar**.

a) Imperativo afirmativo

tu
você
nós
vós
vocês

b) Imperativo negativo

tu
você
nós
vós
vocês

20. Complete as frases com os verbos entre parênteses, flexionando-os corretamente.

a) (ser, conviver)
Praticai o bem, _____ atenciosos, _____ pacificamente com todos.

b) (cumprimentar)
Seja educado, _____ as visitas.

c) (perder)
Não _____ tempo com ninharias. Aproveite-o com coisas úteis.

d) (abrir)
_____ seus livros na página 20.

e) (falar)
_____ sempre a verdade, mesmo que seja difícil.

21. Veja os modelos e continue a atividade. Observe a equivalência das expressões.

 fiquei livre   **livrei-me**

a) fiquei irritado

b) fiquei triste

c) fiquei aborrecido

d) fiquei atrapalhado

e) fiquei assustado

f) fiquei calmo

g) fiquei zangado

h) fiquei distraído

i) fiquei alegre

 ficou livre   **livrou-se**

j) ficou irritado

k) ficou assustado

l) ficou triste

m) ficou calmo

n) ficou aborrecido

o) ficou zangado

22. Complete com o que se pede.

a) Horror / horrorizar, canal / canalizar, sinal / ...

b) Eu construo, tu constróis, ele...

c) Plural de admirável

d) Eu ouço, tu ouves, ele...

e) Antônimo de impossível

f) Antônimo de bem

g) Antônimo de bom

h) Plural de incrível

i) Verbo haver na 1ª pessoa do singular do pretérito perfeito do indicativo

ORTOGRAFIA – VAMOS ESCREVER CERTO?

1. Escreva os verbos na 3ª pessoa do plural do indicativo, nos tempos solicitados.

a) **gorjear** – presente

"As aves que aqui

não _____ como lá."

(Gonçalves Dias)

b) **lesar** – presente

Os maus administradores _____ o patrimônio público.

c) **precisar** – futuro do presente

Eles _____ de sua ajuda.

d) **improvisar** – pretérito imperfeito

Eles _____ soluções para cada problema que surgia.

e) **extravasar** – pretérito perfeito
   _____ todo o ódio que sentiam.

f) **suscitar** – pretérito perfeito
   Aquelas declarações _____ a desconfiança dos ouvintes.

g) **fascinar** – futuro do presente
   As lojas decoradas _____ as crianças na época do Natal.

h) **agasalhar** – futuro do presente
   No próximo inverno, instituições de caridade _____ os necessitados.

i) **visar** – presente
   Aquelas instituições não _____ o lucro.

2. Continue conjugando os verbos no pretérito imperfeito do indicativo e do subjuntivo, colocando os acentos.
   a) Tu amavas, nós
   b) Se eu pudesse, se nós
   c) Vocês desciam, nós
   d) Eles partiam, nós
   e) Caso você soubesse, caso nós
   f) Se você fosse rei, nós seus súditos.

3. Passe as frases do singular para o plural.
   a) O turista vem de longe.
   b) Ele detém o poder desde 1990.
   c) O professor tem muita paciência com os alunos.
   d) Por motivo de saúde, o empregado obtém licença para sair.
   e) Você ainda retém em seu íntimo algum rancor?

f) O juiz intervém sempre que necessário.

g) Ele se mantém calmo apesar dos problemas.

h) Esta caixa contém produto perecível.

i) Ela sempre se abstém de opinar.

j) Este artigo provém da China.

4. Complete a cruzadinha com os verbos no gerúndio.

1. avançar
2. paralisar
3. fascinar
4. insinuar
5. explodir
6. expulsar
7. visar
8. assinar
9. agitar

5. Vamos praticar a acentuação verbal?

> Note a diferença entre as palavras seguintes.
> - **pode** (presente do indicativo):
>   Ele **pode** ir agora.
> - **pôde** (pretérito perfeito do indicativo):
>   Ela só **pôde** ir ontem.

a) Agora complete com **pode** / **pôde**.

– Você _____ vir comigo agora?

– Ela ficou calada e não _____ dizer nada.

– Hoje ela _____ participar da prova, mas na semana passada ela não _____.

> Observe o acento destes verbos, no plural.
> Ele **tem** tempo. / Eles **têm** tempo.
> Ela **vem** de carro. / Elas **vêm** de carro.
> - O verbo **ter** e seus compostos, assim como **vir** e seus compostos, recebem acento circunflexo na 3ª pessoa do plural do presente do indicativo.

b) Agora, complete com os verbos **ter** e **vir** na 3ª pessoa do plural do presente do indicativo.

– Elas _____ de metrô. (**vir**)

– Você _____ comigo? (**vir**)

– O povo quase não _____ com que viver, enquanto os marajás _____ fortunas. (**ter**)

> Os pronomes **o**, **a**, **os**, **as**, quando vêm ligados a uma forma verbal terminada em **-r**, assumem as formas **-lo**, **-la**, **-los**, **-las**. Observe:
> - examinar + **a** = examiná-**la**
> - prender + **os** = prendê-**los**

6. Reescreva as frases substituindo as palavras destacadas por pronomes, ligando-os aos verbos por meio do hífen.

> **Atenção:**
> Os verbos terminados em **-ar** recebem acento agudo, e os terminados em **-er** e **-or**, acento circunflexo.

a) Vou convidar **os meninos** para a festa.

b) Ela queria contar **os segredos** a alguém.

c) Vou fazer **os exercícios** junto com você.

d) A jovem queria conquistar **o colega**.

e) Vai rever **os novos amigos**?

7. Agora, crie duas frases empregando as formas pronominais -lo, -la, -los, -las.

a)

b)

8. Reescreva o texto empregando os verbos na 1ª pessoa do singular do futuro do presente do indicativo, como se fosse uma proposta sua para se ter mais qualidade de vida.

NORMAS PARA UMA VIDA SAUDÁVEL

1. Evite alimentos muito salgados, doces ou gordurosos.
2. Procure comer frutas e legumes crus, pão integral e outros alimentos ricos em fibras.
3. Beba de cinco a oito copos de água por dia.
4. Coma devagar e mastigue bem os alimentos.
5. Procure se alimentar em horários certos.
6. De vez em quando, procure variar sua dieta.
7. Tenha o hábito de ler as instruções nas embalagens dos alimentos.
8. Se você estiver com excesso de peso, procure perdê-lo gradualmente.

18. Advérbio

O melhor meio de ser bem servido é servir bem.

Torne amigos os que se encontram perto e os que estão longe se aproximarão.

1. No primeiro provérbio, que palavra está intensificando (reforçando) o sentido do verbo **servir**?

2. No segundo provérbio, que palavras estão dando ideia de lugar?

As palavras que você encontrou são chamadas **advérbios**.

Advérbio é uma palavra que modifica o sentido do verbo, do adjetivo ou do próprio advérbio.

Nosso time <u>jogou</u> **bem**.
   ↑   ↑
 verbo   advérbio

O centroavante é **muito** <u>veloz</u>.
   ↑   ↑
advérbio   adjetivo

O ponta-esquerda <u>chutou</u> **muito bem**.
   ↑   ↑   ↑
 verbo   advérbio   advérbio

Principais advérbios
- de **afirmação**: sim, certamente, deveras, realmente
- de **dúvida**: talvez, quiçá, acaso, porventura, provavelmente
- de **intensidade**: muito, pouco, bastante, mais, menos, tão, meio, demais, bem, mal
- de **lugar**: abaixo, acima, acolá, cá, lá, aqui, ali, aí, além, aquém, atrás, fora, afora, dentro, perto, longe, adiante, diante, onde
- de **modo**: bem, mal, assim, depressa, devagar, melhor, pior, calmamente, livremente e quase todos os advérbios terminados em **-mente**
- de **negação**: não, tampouco (= também não)
- de **tempo**: agora, hoje, amanhã, depois, ontem, anteontem, já, sempre, nunca, jamais, ainda, logo, antes, cedo, tarde, outrora, então, breve, brevemente, imediatamente, raramente, finalmente, presentemente, diariamente

3. Classifique os advérbios em destaque.

a) Venha **aqui**.

b) Ande **depressa**.

c) Ande **mais** depressa.

d) Cheguei **cedo**.

e) **Não** jogue lixo no chão.

f) **Talvez** chova amanhã.

> **Você sabia...**
>
> Podemos utilizar os advérbios de tempo para nos referirmos aos dias da semana:
>
> Anteontem, ontem, hoje, amanhã, depois de amanhã.

4. Acrescente à frase uma circunstância de:

a) *tempo*

_____ vamos passear na praia.

b) *modo*

Papai dirigia _____ o carro.

c) *dúvida*

_____ seja tarde.

d) *intensidade*

Ela é _____ bonita.

e) *negação*

_____ seja precipitado.

f) *afirmação*

_____, ele merece o prêmio.

5. Reescreva a frase seguinte substituindo o advérbio de intensidade **mais** por **muito, bem, demais, extremamente.**

Este exercício é mais fácil.

> **Advérbios interrogativos** são as palavras **onde, aonde, donde, por que, quando, como.**

6. Complete as frases com o advérbio solicitado.

a) *intensidade*

Marta dança _____ bem.

b) *lugar*

Nós moramos _____ desde 2000.

c) *interrogativo*

_____ conseguiu chegar lá?

d) *modo*

Os amigos se cumprimentaram _____

e) *negação*

_____ repita isso!

f) *dúvida*

_____ seu time vença.

g) *tempo*

_____ vamos recomeçar as aulas de piano.

7. Classifique os advérbios em destaque.

a) Volte **logo**, que as coisas **aqui não** vão **bem**.

b) **Hoje**, **provavelmente**, ele está **muito** ocupado.

c) **Onde** vocês estiveram **ontem cedo**?

d) **Então** fiquei **mais** motivado e trabalhei **arduamente**.

8. Escreva os antônimos dos advérbios em destaque.

a) Aos domingos costumo levantar **cedo**.

b) Ande **depressa**.

c) Você se portou muito **bem**.

d) É uma pessoa **muito** confiável.

e) É o candidato **mais** competente para o cargo.

f) Conferiu a mercadoria **atentamente**.

Locuções adverbiais são expressões que têm a função dos advérbios. Iniciam-se ordinariamente por uma preposição.
Algumas delas:
- **às cegas, às claras, às escondidas, à toa, às pressas, a pé, às vezes**
- **de repente, de propósito, de improviso, de vez em quando**
- **em breve, em vão, em cima**
- **à noite, ao acaso**
- **sem dúvida, com certeza, por certo**

9. Sublinhe as locuções adverbiais.

a) Com o impacto da bomba, o navio foi a pique para o fundo do mar.

b) Saímos de manhã e voltamos somente à noite.

c) De repente apareceu por trás da moita uma enorme cobra.

d) Sem dúvida, as pessoas desonestas agem às escondidas porque sabem que estão erradas.

e) De vez em quando é preciso fazer revisão no carro.

f) Com certeza ele fez tudo aquilo de propósito.

g) Falou de improviso e retirou-se às pressas para não ser perturbado pelos jornalistas.

10. Substitua as locuções adverbiais pelos advérbios correspondentes. Veja o modelo.

Saí de casa **às pressas**.
Saí de casa **apressadamente**.

a) **De repente** surgiu no escuro um vulto terrível.

b) **Com certeza**, hei de vencer na vida.

c) Eles se cumprimentaram **com respeito**.

d) **Em breve** irei visitá-lo.

e) A chuva chegou **de súbito** hoje.

11. Leia as frases a seguir e copie somente as palavras da mesma família de **consciência**. Depois, distribua-as nos quadros.

a) Tenho a consciência tranquila.

b) O programa político procura conscientizar os eleitores.

c) Helena estava consciente do que estava fazendo.

d) Os feridos já estavam inconscientes.

e) Henrique era um rapaz cônscio dos seus deveres.

f) A pessoa conscienciosa não engana o próximo.

g) Pode ser perigoso agir inconscientemente; devemos agir conscientemente.

substantivos	adjetivos

verbos	advérbios

12. Forme advérbios de modo, observando a queda do acento. Veja o modelo.

diabólico **diabolicamente**

a) fácil

b) esplêndido

c) árduo

d) difícil

e) rápido

f) cômodo

g) calmo

h) selvagem

i) livre

19. Preposição

Texto 1

(Placa: ÁGUA IMPRÓPRIA PARA O CONSUMO)

Texto 2

> Devemos prosperar por merecimento e não por proteção.

1. Que palavra está ligando, no texto 1, a palavra **consumo** ao restante do texto?

2. Que palavra está ligando, no texto 2, o verbo **prosperar** ao substantivo **merecimento**?

Preposição é uma palavra invariável que liga dois termos, estabelecendo uma relação de dependência entre eles.
Vim **de** Curitiba.   Peça **a** ele.
Mora **em** Goiás.   Agi **com** calma.
As principais preposições são:
- a, ante, após, até
- com, contra
- de, desde
- em, entre
- para, per, perante, por
- sem, sobre, sob
- trás

---

3. Complete as frases com as preposições do quadro.

> a – de – para – com – por
> perante – em – desde – entre

a) Gosto ____ frutas bem maduras.
b) Eles estão precisando ____ você ____ urgência.
c) Dê o presente ____ ele ____ nós.
d) Este filme é impróprio ____ menores.
e) Tudo ficou reduzido ____ cinzas.
f) Tinha uma disposição incrível ____ o trabalho.
g) Os holandeses invadiram a Bahia ____ 1624.
h) Não aspiro ____ esse cargo.
i) Não havia nada ____ eles dois.
j) Negou tudo ____ o juiz.
k) Eles se conhecem ____ os tempos ____ colégio.

COMBINAÇÕES

Há **combinação** quando a preposição **a** combina com os artigos **o, os**, sem perda de fonema.

a + o = **ao**   a + os = **aos**

Pode haver combinação também com o advérbio **onde** e os pronomes demonstrativos **o, os**.

a + **onde** = aonde
a + o = **ao**; a + os = **aos**

135

CONTRAÇÕES

As preposições **a**, **de**, **em**, **per** contraem-se com os artigos e, algumas delas, com certos pronomes e advérbios. Nas **contrações** há perda de fonemas. Veja:

a + a = **à** (crase)
a + as = **às** (crase)
a + aquele(s) = **àquele(s)**
a + aquela(s) = **àquela(s)**
a + aquilo = **àquilo**
de + o(s) = **do(s)**
de + a(s) = **da(s)**
de + ele(s) = **dele(s)**
de + ela(s) = **dela(s)**
de + este(s) = **deste(s)**
de + esta(s) = **desta(s)**
de + isto = **disto**
de + aqui = **daqui**
em + esse(s) = **nesse(s)**
em + essa(s) = **nessa(s)**
em + o(s) = **no(s)**
em + a(s) = **na(s)**
em + um (uns) = **num(ns)**
em + uma(s) = **numa(s)**
em + aquele(s) = **naquele(s)**
em + aquela(s) = **naquela(s)**
per + o(s) = **pelo(s)**
per + a(s) = **pela(s)**

4. Passe um traço debaixo das **preposições**, **dois** traços debaixo das **contrações** e **três** traços sob as **combinações**.

a) Fui a São Luís e resolvi voltar à tarde.
b) Cheguei lá ao meio-dia e resolvi voltar de táxi.
c) Tive de voltar para casa a pé, devido à falta de condução.
d) Eu não sei aonde foram aqueles garotos sem juízo.
e) Após o jantar, dei uma volta pela praça e sentei-me num banco do jardim que ficava sob uma árvore.

5. Preencha as lacunas com as contrações ou combinações indicadas entre parênteses.

a) Obedecia cegamente _____ ordens dos superiores. (**a + as**)
b) Você assistiu _____ debates _____ candidatos? (**a + os / de + os**)
c) Tua mãe não vai gostar _____. (**de + isso**)
d) Você já foi _____ parque? (**a + aquele**)
e) Entregue este envelope _____ moça. (**a + aquela**)
f) Há muitas surpresas _____ caminhos da vida. (**per + os**)

6. Escreva (1) para artigo; (2) para pronome pessoal e (3) para preposição:

a) Entreguei **a** revista **a** elas.
( )   ( )
b) Abriu **a** porta, mas logo **a** fechou.
( )   ( )

7. Complete as lacunas com as preposições adequadas.

a) Dom Pedro II reinou _____ 1840 (_____) 1889.
b) É muito severo _____ com o filho.
c) Tome este remédio. É eficaz _____ a gripe.
d) Votamos _____ o candidato do governo.
e) Apelidaram-no _____ Chiquinho.
f) Fiquei fascinado _____ ela desde que a vi.
g) As árvores estavam dispostas _____ fileiras.
h) Ayrton Senna figurou _____ os melhores pilotos do mundo.
i) Faltam muitos meses _____ concluir esta obra?
j) Tudo ele consegue _____ intermédio de amigos e poderosos.
k) Não vale a pena viver _____ amor.
l) Escrevi um poema _____ a natureza.
m) É muito triste viver _____ o domínio do medo.
n) Somos todos iguais _____ a lei.

8. Complete a cruzadinha com preposições correspondentes a:

1. antônimo de **antes**
2. antônimo de **sobre**
3. sinônimo de **diante de**
4. antônimo de **com**
5. antônimo de **sob**

9. Observe o cartaz a seguir.

Dia do Basta à Corrupção: manifestantes mobilizados pelas redes sociais.

Lembre que:

Crase é a união da preposição **a** com o artigo **a**.

Usa-se o sinal de crase somente diante de **palavras femininas** que admitam o artigo **a**.

a) Reescreva o texto do cartaz, substituindo o **à** craseado por uma preposição mais o artigo **a**, sem mudar o sentido.

b) Identifique as preposições que aparecem ligando as palavras da legenda da foto.

- Usa-se ainda o sinal de **crase** no encontro da preposição **a** com os pronomes demonstrativos **aquele, aquela, aquilo**.
- **Não** se usa crase diante de **verbos** e de grande parte dos **pronomes**.
- Com os pronomes possessivos femininos, o uso da crase é optativo.

10. Use o sinal da crase quando necessário.

a) Veio caminhando em direção a porta.
b) Saltou o muro as escondidas.
c) Não disse nada a ninguém.
d) Pôs-se a correr.
e) Ninguém resiste a dor.
f) Assistimos a sessão das quatro.
g) Apresentou-se as autoridades.
h) Compareçamos a reunião a tarde.
i) Referiu-se a professora em tons elogiosos.
j) Resolvi ir a pé para casa.
k) Você já andou a cavalo?
l) Não assisto a filmes de violência.
m) O avião passou rente as casas.
n) O ônibus chegou a estação as cinco horas.
o) Terminada a eleição, procedeu-se a apuração dos votos.
p) Estamos dispostos a fazer o negócio.
q) Isto não compete a mim nem a você, mas as autoridades.
r) Encostou-se a porta, atento a conversa dos dois viajantes.

20. Interjeição

Adão. *Folha de S.Paulo*, 24 ago. 2002.

1. Com que palavra o homem chama a atenção dos garotos?

> **Lembre que:**
> Imperativo é o modo de verbo que indica ordem ou pedido.

Interjeições são palavras que expressam sentimentos de alegria, dor, admiração etc.

Conheça algumas interjeições.

- **dor:** ai! ui!
- **alegria:** ah! oh! eh!
- **admiração/surpresa:** ah! oh! puxa! nossa!
- **advertência:** cuidado! atenção!
- **decepção/lástima:** chi! que pena!
- **aplauso:** bravo! apoiado!
- **aversão:** ih! chi! irra!
- **apelo:** ó! olá! psiu! alô! ei! socorro!
- **desejo:** oxalá! oh! tomara!
- **silêncio:** psiu! silêncio!

Psiu / fazer silêncio.
Psiu! Faça silêncio!

a) Socorro / vir aqui.

b) Bravo / continuar sempre assim.

c) Coragem / não desanimar.

d) Ei / levar isso embora.

e) Oh / ver que bonito.

f) Ih / deixar isso para lá.

2. Observe o modelo e coloque as frases no imperativo.

3. Enumere a interjeição com o sentimento que ela expressa.

a) afugentamento

b) admiração, surpresa

c) admiração

d) alívio

e) desejo

f) conselho, aviso, advertência

g) decepção, lástima

(   ) **Oh**! Mãe, o leite azedou!

(   ) **Rua**! Isto aqui não é a casa da sogra!

(   ) **Cuidado**, rapaz, ao cruzar a rua!

(   ) **Puxa**, que mira!

(   ) **Ufa**! Que trabalho me deu!

(   ) **Chi**, estou sem dinheiro!

(   ) **Oxalá** ele volte cedo!

PRÁTICA DE PRODUÇÃO DE TEXTO

Continue o texto abaixo, listando itens com as atitudes do bom motorista.

Como ser um bom motorista?
O bom motorista:
1. Obedece à sinalização.
2. Controla a velocidade.

21. Conjunção

> O preguiçoso morre desejando, porque as suas mãos se recusam a trabalhar.
> (Provérbio)

ADIVINHAS

O que é, o que é?
- As pessoas ficam de boca aberta quando ele trabalha.
- Ele ganha a vida, mas não trabalha nem um dia.

1. No provérbio, que palavra está ligando a primeira oração "O preguiçoso morre desejando" com a outra oração?

2. Na primeira adivinha, há duas orações. Que palavra está ligando as duas?

3. Que palavra está ligando as duas orações na segunda adivinha?

Conjunção é uma palavra que liga orações.
As crianças corriam **e** gritavam.
↑
conjunção
1ª oração: As crianças corriam
2ª oração: gritavam

A conjunção pode, também, ligar duas palavras de uma oração:
Comprei frutas **e** verduras.
↑
conjunção

Veja algumas conjunções.
- **Aditivas** (dão ideia de adição, soma): e, mas também, mas ainda, como também.
- **Adversativas** (dão ideia de oposição, de contraste): mas, porém, todavia, contudo, entretanto, no entanto, apesar disso.
- **Alternativas** (dão ideia de escolha, alternativa): ou, ou... ou, já... já, quer... quer.
- **Conclusivas** (dão ideia de conclusão): logo, portanto, por conseguinte, por isso, pois.
- **Explicativas** (iniciam uma explicação): porque, pois, porquanto, que.

4. Relacione os períodos de acordo com a ideia que as conjunções transmitem.

a) oposição, contraste
b) conclusão
c) alternativa, escolha
d) adição
e) explicação

(   ) As abelhas produzem mel **e** polinizam as flores.
(   ) Preciso estudar bastante **ou** não passarei de ano.
(   ) Não solte balões, **pois** podem causar incêndios.

(   ) Nosso time jogou bem, mas foi derrotado.

(   ) Daquela mata sobe uma leve fumaça, portanto deve haver fogo.

(   ) As crianças ora estudam, ora brincam.

5. Indique o tipo de conjunção dos períodos seguintes. Veja o modelo.

> Neide não só dança **como também** canta.
> Aditiva: ideia de adição

a) O rapaz é muito inteligente, **mas** tornou-se arrogante.

b) Não acho Leila bonita, **porém** é muito simpática.

c) Quero me sair bem, **logo** devo estudar muito.

d) A professora saiu da classe **e** voltou logo em seguida.

e) **Quer** estude, **quer** brinque, respeite quem estiver ao seu lado.

f) Você não está bem, **portanto** deve procurar um médico.

g) Essas crianças **ora** choram, **ora** riem por qualquer motivo.

h) **Quer** saia cedo, **quer** saia tarde, não adianta **porque** o trânsito em São Paulo é sempre intenso.

6. Complete os períodos escolhendo a conjunção correta.

a) Meu irmão se esforçou, _____ não conseguiu passar no vestibular.

b) Ou você corre _____ o cachorro o agarra.

c) Eles foram excelentes alunos, _____ merecem passar de ano.

d) _____ suplicasse, _____ gritasse, ninguém lhe dava atenção.

e) Não fume, o cigarro pode lhe trazer sérios problemas de saúde.

ANEDOTA QUE O POVO CONTA

– Cumu vai, cumpadi? E cumu vai as coisa?
– Num tá muito bão, não. Muita fartura.
– Uai! Si tem fartura, tá bão.
– Não, cumpadi. É muita coisa que farta. Farta arrois, farta feijão, farta dinheiro, farta água, farta luis. Farta tudo. É uma fartura, né?

7. Invente frases com as seguintes conjunções.

a) mas também

b) porém

c) portanto

d) porque

VAMOS ESCREVER CERTO?

1. Reescreva o texto de acordo com as normas da linguagem culta, isto é, da língua padrão.

2. Use a crase quando necessário.

> **Lembre que:**
> A crase é usada diante de substantivos femininos.

a) Costumamos sair a noite.

b) Estamos dispostos a vencer.

c) Escrevam a lápis.

d) Apresente-se a diretora.

e) Chegaram a estação as 21 horas.

f) Fomos a Santos ontem a tarde.

g) Atribuo o insucesso a má sorte.

h) Começou a ventar.

i) Obedeça as leis de seu país.

j) A assistência as aulas é muito importante.

k) Solicitei a aluna que entrasse na fila.

l) As vezes, as pessoas não conseguem se entender direito.

PRÁTICA DE PRODUÇÃO DE TEXTO

Tema livre.

Apêndice

Textos para interpretação, ampliação de vocabulário e atividades complementares

O QUE É PRECONCEITO?

Preconceito é uma opinião, uma ideia que formamos sobre alguém ou sobre um grupo de pessoas. Essa ideia ou opinião está baseada na forma como as pessoas veem a realidade e geralmente diminui as pessoas sobre as quais se fala.

Pessoas preconceituosas julgam os outros a partir de ideias preconcebidas que colocam algumas pessoas como inferiores a outras – seja por sua cor, seu local de nascimento, sua classe social, aparência ou sexo (...). Ser preconceituoso é dizer, por exemplo, que toda loira e todo português são burros; que todo gordo é preguiçoso; que todo negro é suspeito ou que toda mulher é frágil e dependente, mesmo que isso apareça, às vezes, na forma de "brincadeiras".

Nem mais nem menos: iguais (cartilha para alunos). São Paulo: Secretaria de Educação da Prefeitura Municipal de São Paulo, 2003.

1. Qual é o sentido de **diminui** no primeiro parágrafo?

2. Que tipos de preconceito estão relacionados no segundo parágrafo?

3. Algumas "brincadeiras" ou piadas são preconceituosas? Por quê?

NÃO BATA A CABEÇA POR AÍ

Use cinto de segurança, mesmo dentro da cidade. Cinto é bom, é amigo, protege.

Se acontecer uma batida, usando o cinto você não se machuca e não bate no volante, no painel, no teto, nem nos lados duros do carro.

Lembre o papai e a mamãe de que cinto existe para ser usado, não para ficar escondido.

Se houver um acidente – tomara que não haja – deixe que só o carro se machuque, vocês não.

Carro tem conserto, carro não sente dor. Gente é diferente.

Julieta de Godoy Ladeira. *De olho nos sinais.* São Paulo: Atual, 1995.

4. Para que serve o cinto de segurança?

5. Complete a frase.
Parônimos são palavras _____, mas que têm sentidos _____.

6. Preencha as lacunas de acordo com o sentido das frases, usando:

> **cinto** (faixa usada na cintura)
> ou **sinto** (verbo sentir)
> **viagem** (substantivo)
> ou **viajem** (verbo viajar)
> **conserto** (reparo)
> ou **concerto** (espetáculo musical)

a) Insisti para que eles _____ de trem.

b) A _____ de São Paulo ao Rio foi tranquila.

c) _____ muito, mas, no momento, não posso atendê-lo.

d) O _____ de segurança nos protege numa eventual batida.

e) Já que estão de férias, que eles _____ um pouco.

f) _____ que algo estranho está para acontecer.

g) Em que funilaria foi feito o _____ do seu carro?

h) No final do _____ todos aplaudiram de pé os músicos.

ESTATUTO DA CRIANÇA E DO ADOLESCENTE (ECA)

Capítulo IV
Do Direito à Educação, à Cultura, ao Esporte e ao Lazer.

Art. 53 A criança e o adolescente têm direito à educação, visando ao pleno desenvolvimento de sua pessoa, preparo para o exercício da cidadania e qualificação para o trabalho, assegurando-se-lhes:

I – Igualdade de condições para o acesso e permanência na escola.

Art. 54 É dever do Estado assegurar à criança e ao adolescente:

I – Ensino Fundamental, obrigatório e gratuito, inclusive para os que a ele não tiveram acesso na idade própria.

(...)

2º § O não oferecimento do ensino obrigatório pelo Poder Público ou sua oferta irregular importa responsabilidade da autoridade competente.

3º δ Compete ao Poder Público recensear os educandos no Ensino Fundamental, fazer-lhes a chamada e zelar, junto aos pais ou responsável, pela frequência à escola.

Capítulo V

Do Direito à Profissionalização e à Proteção no Trabalho.

Art. 60 É proibido qualquer trabalho a menores de quatorze anos de idade, salvo na condição de aprendiz.

Art. 64 Ao adolescente até quatorze anos de idade é assegurada bolsa de aprendizagem.

7. De acordo com o Estatuto da Criança e do Adolescente, é proibido trabalhar antes dos 14 anos?

8. Qual artigo do Estatuto da Criança e do Adolescente menciona que é obrigação do Estado oferecer estudo às suas crianças e a seus adolescentes?

9. Você já trabalhou, algum dia, para ajudar no sustento da família? Caso a resposta seja positiva, responda: na ocasião, precisou abandonar a escola?

10. Como você se sentiria se tivesse de abandonar a escola para trabalhar?

CHEGA DE PORCARIA, PÔ!

Fernando Bonassi – especial para a *Folhinha*

A sua mãe deixa o cachorro fazer um cocozão bem mole no meio do tapete da sala?

O seu pai gosta de largar a casca da *pizza* na poltrona dele?

E você? Alguma vez você começou a tomar um refrigerante, depois não quis mais e jogou no seu próprio travesseiro?

Ia ficar tudo fedido e grudento e cheio de bicho, certo?

Pois agora fizeram uma lei que, quem jogar sujeira na rua, vai ter que pagar multa!

Mesmo se a pessoa puser o lixo na porta muito antes de o caminhão passar, aquele que fica cheirando mal no sol e tudo, essa pessoa também vai ter de pagar!

E é uma multa bem cara!

Se você está se perguntando o que fazer sujeira em casa tem a ver com essa lei, eu vou dizer...

É que tem uns bobões e umas bobonas por aí que pensam que as ruas da cidade não são de ninguém.

Que podem jogar papel, latinha, que podem deixar o cachorro fazer o maior cocô e tudo bem...

Para mim, a cidade onde a gente mora também é a casa da gente, só que é de todo mundo ao mesmo tempo. Isso quer dizer que, se um faz porcaria, vai estar fazendo porcaria com todo mundo.

Acho que se a gente toma conta das coisas, mesmo que sejam coisas grandes como uma cidade, as coisas ficam mais legais.

Folha de S.Paulo, 31 de maio de 1997.

O texto é uma **crônica**, isto é, uma pequena narração de fatos do dia a dia.

11. Quais são as principais broncas do autor da crônica?

12. Você acha que ele tem razão? Por quê?

13. Explique com suas palavras a mensagem do último parágrafo do texto.

A DÍVIDA DE BRADLEY

Era uma vez um menino chamado Bradley. Quando ele tinha quase oito anos, adquiriu o hábito de considerar tudo em termos de dinheiro. Queria saber o preço de tudo o que via e, se não custasse grande coisa, não parecia ter valor algum.

Mas há muitas e muitas coisas que o dinheiro não compra. E algumas são as melhores coisas do mundo.

Certa manhã, quando Bradley desceu para o café, colocou sobre o prato da mãe um papelzinho cuidadosamente dobrado. A mãe abriu-o e quase não acreditou no que o filho escrevera:

Mamãe deve a Bradley:

Por levar recados	3 dólares
Por tirar o lixo	2 dólares
Por varrer o chão	2 dólares
Extras	1 dólar
Total que mamãe deve a Bradley	8 dólares

A mãe sorriu ao ler aquilo, mas não disse nada.

No mesmo momento, ele viu um outro pedaço de papel ao lado do seu prato, cuidadosamente dobrado, igualzinho ao seu. Quando abriu, viu que era uma conta de sua mãe:

Bradley deve à mamãe:

Por ser boa para ele	nada
Por cuidar da sua catapora	nada
Pelas camisas, sapatos e brinquedos	nada
Pelas refeições e pelo lindo quarto	nada
Total que Bradley deve à mamãe	nada

Bradley ficou sentado, olhando para sua nova conta, sem dizer nenhuma palavra. Minutos depois, levantou-se e puxou os 8 dólares do bolso, colocando-os na mão de sua mãe.

E depois disso passou a ajudar a mãe por amor.

William J. Bennett. *O livro das virtudes II: o compasso moral.* Rio de Janeiro: Nova Fronteira, 1996.

14. Releia o segundo parágrafo do texto e dê exemplos de coisas que não se compram com dinheiro e que são algumas das melhores coisas do mundo.

15. Escreva sobre a atitude de Bradley e a atitude da mãe.

Atitude de Bradley

Atitude da mãe

16. Qual é a mensagem final do texto?

17. Explique o sentido dos versos:

"A boia é fraca e fria."
"A escola é sonho longe."

18. Qual é o sentido da palavra **dança** no poema?

19. Que palavras do poema se relacionam ao trabalho do menino?

SONHO LONGE

No campo,
o mato,
a enxada, a dança
do menino
que corta e carpe
e não descansa.

A boia
é fraca e fria.

A tarde, tão azul,
e tão vazia.

A escola
é sonho longe.
O garoto trabalha
pro sustento
do irmãozinho.

Maria Dinorah. In: *Mata-tira-tirarei*. Porto Alegre: L&PM, 1985.

LIÇÕES DE CIDADANIA

No Brasil, infelizmente, as pessoas não ligam para o lixo. É muito comum, por exemplo, ver alguém jogando pela janela do carro uma sujeira.

Alguns países cuidam bem de seus lixos. Na França, o Ministério do Meio Ambiente é obrigado a usar somente papel reciclado. Na Suíça, as pessoas têm de entregar o lixo já separado, enquanto na Flórida, nos Estados Unidos, quem joga uma simples ponta de cigarro na rua leva uma multa pesada. Calcula-se que os brasileiros produzam, em média, 1 quilo de lixo doméstico por dia – o equivalente a 14 mil toneladas diárias somente na região da Grande São Paulo, sem contar o lixo clandestino que é jogado em beiras de estradas, terrenos abandonados e margens dos rios. Mas já existem pessoas preocupadas com isso, porque querem melhorar o ambiente em que vivem. (...)

SERVINDO DE EXEMPLO

Quando a família Kiss foi morar no bairro de Mirandópolis, notou que, apesar de a região ter casas lindas, a praça era muito suja. Os irmãos Thomas, de 12 anos, e Beatriz, de 10 anos, decidiram limpá-la.

"Achamos muito estranho que o único lugar de descanso e diversão do bairro fosse tão malcuidado e feio", diz Thomas. (...)

"Além de limpar a praça, separamos latinhas e outros materiais recicláveis para levar ao Parque do Ibirapuera." Pode não parecer, mas o esforço dos garotos representa muito para a cidade: cada latinha reaproveitada economiza energia suficiente para manter uma televisão ligada por três horas.

O alumínio é produzido a partir da bauxita, um mineral extraído do solo. Para cada tonelada de alumínio reciclado, evita-se extrair 5 toneladas de bauxita. (...)

O próximo passo dos irmãos Kiss será arrumar uns latões e implantar um sistema de coleta seletiva de lixo no bairro todo.

O Estado de S. Paulo, 7 mar. 1998. Estadinho.

20. Você entendeu o que é cidadania? Explique.

21. Que exemplo de cidadania o texto nos apresenta?

22. E você, joga lixo no lixo?

23. O que é lixo reciclado?

24. O que é coleta seletiva de lixo?

UM MUNDO SEM PLANTAS?

Você já imaginou um mundo sem plantas? Você andando de um lado para outro ao longo das ruas e só vendo pedras, prédios, carros, lojas e fábricas? Ainda que fossem bonitos, teria a impressão de estar faltando algo. Mas será que as plantas são apenas enfeites?

As plantas estão presentes na nossa vida diária, mas, na maioria das vezes, nem nos damos conta. (...) pegue lápis e papel. Faça uma lista das coisas que você está vendo e que foram feitas a partir das plantas. Quantas coisas encontrou? Peça a um amigo ou a uma outra pessoa que esteja perto que faça o mesmo. Compare as listas. Que tal você se saiu?

Além das frutas, legumes e verduras que comemos, as geleias, os pães, o chocolate, o açúcar e muitas outras delícias vêm das plantas. Até mesmo a carne que comemos existe por causa delas, como o boi com seu capim e a galinha com o milho. Viu só? Isso sem falar nos papéis, móveis e no próprio oxigênio. Tudo isso existe graças a elas. Se não fossem as plantas, nós e os outros animais não estaríamos aqui, agora.

Na verdade, vivemos num imenso jardim. Vamos passear por ele?

Edith Berchtold. *De mãos dadas com a natureza*. Rio de Janeiro: Salamandra, 1991.

25. Há quantos parágrafos nesse trecho do livro de Edith Berchtold?

26. Qual é a ideia central do primeiro parágrafo?

27. Que ideia predomina no segundo parágrafo?

28. E qual é a ideia principal do terceiro parágrafo?

29. Em que o quarto parágrafo se opõe ao primeiro parágrafo?

30. Explique por que o bife e o frango que você come dependem das plantas.

31. As plantas são apenas enfeites? Explique quais outras finalidades elas têm.

32. Copie do texto a frase que diz que a vida na Terra não seria possível sem as plantas.

33. Leia o poema a seguir em voz alta, pronunciando bem as palavras e dando a entonação adequada à voz.

A RUA DIFERENTE

Na minha rua estão cortando árvores
botando trilhos
construindo casas.

Minha rua acordou mudada.
Os vizinhos não se conformam.
Eles não sabem que a vida
tem dessas exigências brutas.

Só minha filha goza o espetáculo
e se diverte com os andaimes,
a luz da solda autógena
e o cimento escorrendo nas fôrmas.

Carlos Drummond de Andrade. *Poesia completa e prosa*.
Rio de Janeiro: J. Aguilar, 1973.

VOCABULÁRIO
exigências: pedidos inoportunos
solda autógena: solda com maçarico

34. De acordo com o poema, quem não está satisfeito com as mudanças na rua?

35. Por que só a menina se diverte com o que está acontecendo na rua?

ECOTURISMO

Hoje está na moda o ecoturismo, isto é, o turismo voltado para as belezas naturais, para o amor e para a preservação do meio ambiente.

Que rumor é esse na mata?
Por que se alarma a natureza?
Ai... É a motosserra que mata,
Cortante, oxigênio e beleza.

Carlos Drummond de Andrade. *Mata Atlântica*.
Rio de Janeiro: AC & M, 1984.

"Não tirar nada
além de fotos,
não deixar nada
além de pegadas,
não matar nada
além de tempo."

Lema dos ecoturistas.

36. O que é turismo ecológico?

37. O que significa, de acordo com o texto, "não deixar nada além de pegadas"?

GOVERNAR

Os garotos da rua resolveram brincar de Governo, escolheram o Presidente e pediram-lhe que governasse para o bem de todos.

– Pois não – aceitou Martim. – Daqui por diante vocês farão meus exercícios escolares e eu assino. Clóvis e mais dois de vocês formarão a minha segurança. Januário será meu Ministro da Fazenda e pagará meu lanche.

– Com que dinheiro? – atalhou Januário.

– Cada um de vocês contribuirá com um cruzeiro por dia para a caixinha do Governo.

– E que é que nós lucramos com isso? – perguntaram em coro.

– Lucram a certeza de que têm um bom Presidente. Eu separo as brigas, distribuo tarefas, trato de igual para igual com os professores. Vocês obedecem, democraticamente.

– Assim não vale. O Presidente deve ser nosso servidor, ou pelo menos saber que todos somos iguais a ele. Queremos vantagens.

– Eu sou o Presidente e não posso ser igual a vocês, que são presididos. Se exigirem coisas de mim, serão multados e perderão o direito de participar da minha comitiva nas festas. Pensam que ser Presidente é moleza? Já estou sentindo como este cargo é cheio de espinhos.

Foi deposto, e dissolvida a República.

Carlos Drummond de Andrade. *Contos plausíveis*.
Rio de Janeiro: Record, 1994.

VOCABULÁRIO
presididos: governados, comandados
comitiva: grupo que acompanha uma autoridade
dissolvida: desfeita

38. Quais são os personagens da narração?

39. Quem é o personagem principal, isto é, o protagonista?

40. O que eles resolveram fazer?

41. Por que o presidente foi deposto?

42. Assinale o que pode caracterizar o presidente do texto:

( ) mandão
( ) justo
( ) autoritário
( ) egoísta
( ) democrático

43. Que outro título você daria ao texto?

44. Escreva **sim** ou **não**, de acordo com o texto.

a) As autoridades devem se aproveitar de seus cargos para tirar benefícios próprios. ( )

b) As autoridades devem agir para o bem de todos, sem se aproveitar do cargo para benefícios próprios. ( )

O FUTEBOL NASCEU RACISTA

Criado na Inglaterra em 1863, ele [o futebol] desembarcou no Brasil 31 anos depois, na forma de uma bola trazida debaixo do braço pelo estudante paulista Charles Miller. Chegou elitista, racista e excludente.

Quando se organizaram os primeiros campeonatos, lá pelo começo do século, era esporte de branco, rico, praticado em clubes fechados ou colégios seletos. Negros e pobres estavam simplesmente proibidos de chegar perto dos gramados, mas mesmo a distância perceberam o jogo e dele se agradaram.

Estava ali uma brincadeira feita sob medida para pobre. Não exige equipamento especial além de um objeto qualquer que possa ser chutado como se fosse bola. Pode ser praticado na rua, no pátio da escola, no fundo do quintal. O número e o tipo de jogador dependem apenas de combinação entre as partes. Jogam o forte e o fraco, o baixinho e o altão, o gordo e o magro. (...)

Veja, ano 31, n. 1, São Paulo: Abril, 7 jan. 1998.

45. Segundo o texto, o futebol era esporte de elite, gente rica. Hoje ainda é assim?

46. Quem trouxe o futebol para o Brasil? Quando foi isso?

47. Você acha que o brasileiro gosta de futebol? Justifique.

Atividade em grupo

A classe organizará listas de palavras relacionadas ao mundo do futebol. Cada aluno sugere uma palavra que se encaixe nas listas começadas abaixo, enquanto outro aluno escreve essas palavras na lousa. Depois, podem trocar de lugar. Mas não se trata de um jogo; portanto, não há vencedores! É só um treino – de palavras!

substantivos	adjetivos	verbos
bola	rápido	chutar

JANGADA

Vai! Vai! corta-águas gigante,
beijar as cristas de prata
das ondas do mar aflito.
Vai, bela, em busca da fonte...
te apequenar no horizonte
na possessão do infinito.
Vai, com tuas asas de pano
e corpo de leves toras

cortar as vagas... e imune
a percalços e empecilhos
sondar em líquidos trilhos
o velejar do cardume.
Vai levando a apreensão
da noiva do jangadeiro
que o vendo a partir, desmaia.
Cuida dele e dos demais
e amanhã cedo me os traz
na paz de Deus a esta praia.
Protege aos homens valentes
que te tripulam e ousados
dão-te asas de condor
que rasante vai sumindo
que vem, mais tarde, curtindo
farta pesca e vindo amor.

Almir Diniz. In: *Diário do Nordeste* (Fortaleza/CE),
4 jan. 1998.

VOCABULÁRIO
possessão: posse, domínio
vagas: ondas
imune: livre, isento
percalços: transtornos, dificuldades
empecilho: obstáculo
sondar: descobrir
o velejar: o nadar, o navegar
apreensão: preocupação
tripulam: dirigem, governam
ousados: corajosos, atrevidos
condor: ave de grande porte, preta e branca, comum nos Andes
rasante: no nível das águas
farta: abundante

48. Em que região do Brasil é bastante comum a jangada?

49. O poeta interrompe o pensamento por meio do uso das reticências. Procure descobrir o que ele tinha intenção de nos dizer, completando, a seu modo, a frase seguinte: "Vai, bela, em busca da fonte..."

50. O jangadeiro era casado?

51. Qual é o estado emocional da noiva ao vê-lo partir para o alto-mar?

52. Ao ler o poema, podemos deduzir que o jangadeiro:

( ) Fica vários dias pescando em alto-mar.

( ) Passa apenas uma noite pescando em alto-mar.

53. De que forma o jangadeiro é recompensado ao retornar à praia?

54. Há no poema alguma expressão que indica religiosidade? Qual?

55. Invente outro título para o poema.

PRÁTICA DE PRODUÇÃO DE TEXTO

Tema livre.

MODELO DE CONJUGAÇÃO DOS VERBOS REGULARES E DO VERBO PÔR (IRREGULAR)

1ª CONJUGAÇÃO: LOUV-AR — 2ª CONJUGAÇÃO: VEND-ER — 3ª CONJUGAÇÃO: PART-IR

INDICATIVO

PRESENTE

1ª conj.	2ª conj.	3ª conj.	pôr
eu louv-o	vend-o	part-o	ponho
tu louv-as	vend-es	part-es	pões
ele louv-a	vend-e	part-e	põe
nós louv-amos	vend-emos	part-imos	pomos
vós louv-ais	vend-eis	part-is	pondes
eles louv-am	vend-em	part-em	põem

PRETÉRITO IMPERFEITO

1ª conj.	2ª conj.	3ª conj.	pôr
eu louv-ava	vend-ia	part-ia	punha
tu louv-avas	vend-ias	part-ias	punhas
ele louv-ava	vend-ia	part-ia	punha
nós louv-ávamos	vend-íamos	part-íamos	púnhamos
vós louv-áveis	vend-íeis	part-íeis	púnheis
eles louv-avam	vend-iam	part-iam	punham

PRETÉRITO PERFEITO

1ª conj.	2ª conj.	3ª conj.	pôr
eu louv-ei	vend-i	part-i	pus
tu louv-aste	vend-este	part-iste	puseste
ele louv-ou	vend-eu	part-iu	pôs
nós louv-amos	vend-emos	part-imos	pusemos
vós louv-astes	vend-estes	part-istes	pusestes
eles louv-aram	vend-eram	part-iram	puseram

PRETÉRITO MAIS-QUE-PERFEITO

1ª conj.	2ª conj.	3ª conj.	pôr
eu louv-ara	vende-ra	parti-ra	pusera
tu louv-aras	vende-ras	parti-ras	puseras
ele louv-ara	vende-ra	parti-ra	pusera
nós louv-áramos	vendê-ramos	parti-ramos	puséramos
vós louv-áreis	vendê-reis	parti-reis	puséreis
eles louv-aram	vende-ram	parti-ram	puseram

FUTURO DO PRESENTE

1ª conj.	2ª conj.	3ª conj.	pôr
eu louv-arei	vend-erei	part-irei	porei
tu louv-arás	vend-erás	part-irás	porás
ele louv-ará	vend-erá	part-irá	porá
nós louv-aremos	vend-eremos	part-iremos	poremos
vós louv-areis	vend-ereis	part-ireis	poreis
eles louv-arão	vend-erão	part-irão	porão

FUTURO DO PRETÉRITO

1ª conj.	2ª conj.	3ª conj.	pôr
eu louv-aria	vend-eria	part-iria	poria
tu louv-arias	vend-erias	part-irias	porias
ele louv-aria	vend-eria	part-iria	poria
nós louv-aríamos	vend-eríamos	part-iríamos	poríamos
vós louv-aríeis	vend-eríeis	part-iríeis	poríeis
eles louv-ariam	vend-eriam	part-iriam	poriam

IMPERATIVO

AFIRMATIVO

1ª conj.	2ª conj.	3ª conj.	pôr
louv-a (tu)	vend-e (tu)	part-e (tu)	põe (tu)
louv-e (você)	vend-a (você)	part-a (você)	ponha (você)
louv-emos (nós)	vend-amos (nós)	part-amos (nós)	ponhamos (nós)
louv-ai (vós)	vend-ei (vós)	part-i (vós)	ponde (vós)
louv-em (vocês)	vend-am (vocês)	part-am (vocês)	ponham (vocês)

NEGATIVO

1ª conj.	2ª conj.	3ª conj.	pôr
não louv-es (tu)	não vend-as (tu)	não part-as (tu)	não ponhas (tu)
não louv-e (você)	não vend-a (você)	não part-a (você)	não ponha (você)
não louv-emos (nós)	não vend-amos (nós)	não part-amos (nós)	não ponhamos (nós)
não louv-eis (vós)	não vend-ais (vós)	não part-ais (vós)	não ponhais (vós)
não louv-em (vocês)	não vend-am (vocês)	não part-am (vocês)	não ponham (vocês)

MODELO DE CONJUGAÇÃO DOS VERBOS REGULARES E DO VERBO PÔR (IRREGULAR)

1ª CONJUGAÇÃO: LOUV-AR – 2ª CONJUGAÇÃO: VEND-ER – 3ª CONJUGAÇÃO: PART-IR

SUBJUNTIVO

PRESENTE

1ª CONJ.	2ª CONJ.	3ª CONJ.	PÔR
que eu louv-e	que eu vend-a	que eu part-a	que eu ponha
que tu louv-es	que tu vend-as	que tu part-as	que tu ponhas
que ele louv-e	que ele vend-a	que ele part-a	que ele ponha
que nós louv-emos	que nós vend-amos	que nós part-amos	que nós ponhamos
que vós louv-eis	que vós vend-ais	que vós part-ais	que vós ponhais
que eles louv-em	que eles vend-am	que eles part-am	que eles ponham

PRETÉRITO IMPERFEITO

1ª CONJ.	2ª CONJ.	3ª CONJ.	PÔR
se eu louv-asse	se eu vend-esse	se eu part-isse	se eu pusesse
se tu louv-asses	se tu vend-esses	se tu part-isses	se tu pusesses
se ele louv-asse	se ele vend-esse	se ele part-isse	se ele pusesse
se nós louv-ássemos	se nós vend-êssemos	se nós part-íssemos	se nós puséssemos
se vós louv-ásseis	se vós vend-êsseis	se vós part-ísseis	se vós pusésseis
se eles louv-assem	se eles vend-essem	se eles part-issem	se eles pusessem

FUTURO

1ª CONJ.	2ª CONJ.	3ª CONJ.	PÔR
quando eu lou-var	quando eu vend-er	quando eu part-ir	quando eu puser
quando tu louv-ares	quando tu vend-eres	quando tu part-ires	quando tu puseres
quando ele louv-ar	quando ele vend-er	quando ele part-ir	quando ele puser
quando nós louv-armos	quando nós vend-ermos	quando nós part-irmos	quando nós pusermos
quando vós louv-ardes	quando vós vend-erdes	quando vós part-irdes	quando vós puséreis
quando eles louv-arem	quando eles vend-erem	quando eles part-irem	quando eles puserem

FORMAS NOMINAIS

INFINITIVO IMPESSOAL

1ª CONJ.	2ª CONJ.	3ª CONJ.	PÔR
louv-ar	vend-er	part-ir	pôr

INFINITIVO PESSOAL

1ª CONJ.	2ª CONJ.	3ª CONJ.	PÔR
louv-ar eu	vend-er eu	part-ir eu	pôr eu
louv-ares tu	vend-eres tu	part-ires tu	pores tu
louv-ar ele	vend-er ele	part-ir ele	pôr ele
louv-armos nós	vend-ermos nós	part-irmos nós	pormos nós
louv-ardes vós	vend-erdes vós	part-irdes vós	pordes vós
louv-arem eles	vend-erem eles	part-irem eles	porem eles

GERÚNDIO

1ª CONJ.	2ª CONJ.	3ª CONJ.	PÔR
louv-ando	vend-endo	part-indo	pondo

PARTICÍPIO

1ª CONJ.	2ª CONJ.	3ª CONJ.	PÔR
louv-ado	vend-ido	part-ido	posto